Lo que dice la ciencia sobre educación y crianza

Lo que dice la ciencia sobre educación y crianza

Julio Rodríguez

Plataforma Editorial

Primera edición en esta colección: enero de 2019

Plataforma Editorial
c/ Muntaner, 269, entlo. 1ª – 08021 Barcelona
Tel.: (+34) 93 494 79 99 – Fax: (+34) 93 419 23 14
www.plataformaeditorial.com
info@plataformaeditorial.com

Depósito legal: B. 24.430-2018
ISBN: 978-84-17622-00-8
IBIC: VS

Printed in Spain – Impreso en España

Realización de cubierta y fotocomposición:
Grafime

El papel que se ha utilizado para imprimir este libro proviene
de explotaciones forestales controladas, donde se respetan
los valores ecológicos, sociales y el desarrollo sostenible del bosque.

Impresión:
Romanyà Valls
Capellades (Barcelona)

Todos los niños nacen artistas. El problema es
cómo seguir siendo artistas al crecer.

PABLO PICASSO

Para Andrea, Paulo y Sofía.
Porque son ellos los que dan sentido a la vida.

Índice

1. Empezando una nueva etapa: ser padres

Por qué tiene sentido escribir este libro

Lo único malo de escribir un libro sobre crianza es que se da la paradoja de que, desde el momento en el que uno se convierte en padre, deja de tener tiempo para leer libros. Aun así, como lo que voy a contar me parece un tema de vital importancia, tanto a título individual de ayuda a los padres como en los planos ético y social, no me queda más remedio que seguir adelante.

Y lo de que no me queda más remedio lo digo totalmente en serio, no es arrogancia, pues hoy en día se sabe de todo y hay miles de sesudos científicos que han investigado cada aspecto de la educación: cuáles son los mejores métodos, cómo hay que aplicarlos, qué es lo que nunca hay que hacer, etcétera. **Todo ha sido dicho ya, pero como es tanta información, a veces se hace difícil procesarla.**

Por eso, he decidido recopilar todo lo que hasta ahora ha sido demostrado científicamente como correcto en el campo de la crianza, lo he reordenado y edulcorado un poco y lo he puesto por escrito de la manera más amena y cercana que he podido. Espero que así queden claras muchas cosas que de otro modo parecen incomprensibles y que entre todos podamos conseguir llevar a cabo fácilmente algo tan difícil y tan importante como es ser padres.

Si alguien alguna vez vuelve a decir: «Pero es que mi niño…», es preciso pararlo en seco y contestarle: «Yo, si quieres, te recomiendo un libro…».

Así pues, debo insistir: **todo lo que afirmo y detallo en este libro es producto del estudio y de la investigación científica** que, a día de hoy, **es lo único que se acerca un poquito a la verdad objetiva, sin manipular** y **sin sesgar.**

Por qué tiene sentido que yo escriba este libro

Definitivamente, no ha sido ninguna de mis titulaciones, ni tampoco mi labor profesional, lo que me ha proporcionado la información necesaria para poder escribir este libro. Lo que realmente me ha hecho experto en el método para una correcta educación de los niños ha sido mi experiencia como padre de dos pequeños: un niño y una niña.

Por supuesto, que alguien se convierta en padre o madre no lo transforma inmediatamente en un sabio especialista en todo –aunque algunos piensen y actúen como si así fuera–. La formación académica y profesional me proporcionó el **conocimiento**, el **lenguaje** y el **método**. Pero no tardé en comprender que entre todo lo que aprendí y pude deducir gracias al estudio teórico y la realidad de la aplicación de ese conocimiento sobre sujetos reales hay un trecho enorme.

Una cosa es saber que los chimpancés infantes prefieren el abrazo cálido de un peluche con la forma de su madre al alimento que le proporciona un frío robot de metal,[1] es decir, que necesitan –y, por lo tanto, es vital para su supervivencia– sentirse seguros, protegidos y resguardados antes que ser alimentados (o, lo que es lo mismo, que el miedo a la muerte por estar alejados de sus padres es mucho mayor que el miedo a no ser alimentados), y otra muy distinta es saber medir cuánto amor ha de darse a los hijos para que se sientan seguros o cómo racionar esa seguridad que se les debe proporcionar para que crezcan emocionalmente estables sin llegar a sobreprotegerlos ni crearles un apego sobredimensionado que los haga incapaces de separarse de sus padres ni un minuto y, por tanto, inútiles para afrontar los retos de la vida real. Y, además, esto ha de hacerse en un ambiente hiperdinámico, estresante, con falta de sueño y lleno de gritos, lloros, berrinches, falta de tiempo, cansancio y dolores de cabeza.

Los niños son seres humanos, interactivos, que aprenden –y lo hacen con mucha rapidez y facilidad–, que evolucionan y que se adaptan. No son números en una tabla de la-

1. Suomi, S. J., y Leroy, H. A. (1982). «In memoriam: Harry F. Harlow (1905-1981)». *American Journal of Primatology*, vol. 2 n.º 4, pp. 319-342.

boratorio. Por eso pasar de los datos del Excel a la vida real es tan complicado. Encontrar ese punto de equilibrio entre lo que la ciencia nos ha mostrado que es lo correcto y lo que ese pequeño individuo interactivo, emocional, inteligente y con capacidad ilimitada de aprendizaje va a recibir e interpretar es el quid de la cuestión, la piedra de Rosetta de la educación de los niños.

Precisamente ese punto de equilibrio es lo que pretendo ofrecer con esta guía. Basándome siempre en los últimos conocimientos científicos, tanto en biología, evolución, psicología evolutiva, psicología cognitiva, terapia de la conducta en la infancia, educación e instrucción como en la genética y la epigenética del comportamiento, intentaré pautar las **claves esenciales para una correcta solución a la multitud de situaciones que se dan en el increíble y maravilloso proceso de ser padres y educar a los hijos, desde el momento del nacimiento hasta que alcanzan una cierta independencia intelectual y ética.**

La difícil tarea de ser padres

Muchas veces los consejos que aquí recoja podrán parecer obvios y simplones, y realmente lo serán, pero no renuncio a plantearlos porque he observado que al final, por obvios y sencillos que resulten, nunca se aplican. Esto no se debe a la ignorancia, sino que deriva, como podrán comprobar muchos padres primerizos, de **las dificultades que entraña la crianza.**

Es un hecho: **la vida antes y después de tener un hijo es totalmente diferente.** En ocasiones he afirmado de manera un poco drástica –y ganándome con ello alguna que otra enemistad– que las personas que no han tenido un hijo no pueden dar ningún consejo sobre la crianza porque viven en otro mundo, más bien en otro universo. Pero quiero aclarar que esta frase no la escribo desde un punto de vista despectivo: en realidad, los padres y los no padres viven, literalmente, en universos diferentes, en dos realidades que conviven de un modo paralelo y que, como paralelas que son, rara vez interactúan. Porque cuando no tienes niños esos momentos en los que vas a visitar al hijo de tus amigos o quedas con ellos para tomar un café son momentos irreales, como si fueses al cine a ver una película.

Me refiero a que se trata de lapsos de tiempo aislados en los que la persona sin hijos se queda solo con un aspecto de la realidad de la paternidad o maternidad que no refleja toda su complejidad. Y son momentos irreales, además, porque los niños no se comportan siempre como cuando van a una cafetería o a un cine.

En resumen: ni los niños son así siempre ni los padres tampoco.

¿Y cuál es la realidad de la paternidad o maternidad?

Pues la realidad está en jugar con ellos, sí, pero también en montarlos en el coche atándolos a esas sillitas infernales, y después llevarlos por la calle atento a todos los posibles peligros, y luego meterlos en la bañera, y sacarlos de la bañera, y hacerles la cena, y darles la cena –si se tiene la suerte de que coman bien–, y llevarlos a la cama, y leerles un cuento y dormirlos, y que se despierten en medio de la noche porque tienen una pesadilla o se han hecho pis o porque sí, y calmarlos, y cambiarlos, y después dormirlos otra vez, ir a trabajar, tener bronca con el jefe, o aguantar una clase de treinta adolescentes, o conducir cinco horas, o atender a cuarenta y tres pacientes, o servir ocho mil cafés, pillar un atasco, empaparte bajo la lluvia, volver a casa y, sí, ahí están, y quieren que juegues con ellos, y tienes que meterlos en la bañera, y después sacarlos... Así todos los días de vuestra vida –y su vida–, en un ciclo sin fin o eterno retorno, como diría Nietzsche.[2]

Pero entre todo este caos hay que educarlos y enseñarles a ser buenos seres humanos y, mientras tú estás a la tarea, puede que en el piso de al lado tu vecina sin hijos esté tomándose una cerveza con sus amigas, y luego venga su novio, cenen tranquilamente, hagan el amor y duerman a pierna suelta hasta el día siguiente.

¿Son o no son universos paralelos?

Totalmente, y por eso, como he dicho al principio, se pueden atesorar todos los títulos académicos que se quiera, incluso hasta un premio Nobel, pero sin tener un hijo y enfrentarse al reto de su crianza difícilmente se podrá hablar

2. Nietzsche, F. (1972). *Así habló Zaratustra*. Madrid: Alianza.

sobre paternidad, básicamente porque es imposible hacerse una idea real de lo que es.

Ojo, con esto no quiero decir que si el pediatra que atiende a un niño dice que hay que darle las vitaminas equis, o si un educador social o un psicólogo asegura que hay que cambiar determinada estrategia educativa, no se le vaya a hacer ni caso porque él o ella no tengan hijos. Es un tema diferente, estamos hablando de una consulta clínica dada por un profesional, no de un consejo a pie de calle.

Pongamos un ejemplo: todos conocemos al típico amigo convencido de que los móviles son la causa de miles de cánceres que asegura que ni loco va a dejar que sus hijos –que, por supuesto, aún no tiene– se acerquen a esos terribles cachivaches. Jamás les va a dejar jugar con ellos, ni les comprará uno ni usará el suyo en su presencia, no vaya a ser que les lleguen las *radiaciones*. Esa persona lo que nunca ha hecho de verdad es enfrentarse a un niño de un año llorando como un condenado que no deja dormir a sus padres ni dos horas seguidas como mucho, ese niño al que sus padres se encuentran al llegar a casa después de su jornada laboral y que se niega a tomarse la cena y que escupe la comida y que, si le ponen un vídeo de una canción infantil en el móvil, se callará durante treinta segundos y se tragará la cena sin rechistar.

Por eso, en resumen, la teoría está muy bien, pero es solo eso, teoría.

Respecto a ponerles vídeos en el móvil a los niños, lo que no se debe hacer es recurrir única y exclusivamente al móvil para tranquilizarlos, pero lo cierto es que no les va pasar nada por ponerles un vídeo de vez en cuando para entretenerlos y calmarlos. Antes cantábamos nanas, ahora existen medios audiovisuales para ayudarnos. Lo único que hemos de tener en cuenta es que no deben sustituir a los padres ni usarse como norma, ni que los niños aprendan que, si lloran, se los dejaremos como si fueran un juguete.

Y de esto, de todos estos matices y enseñanzas, trata este libro. Porque lo que pretendo es que, siguiendo más o menos algunas de las sencillas pautas que aquí se recogen, no exista la necesidad de tener que recurrir demasiado ni a los móviles ni a las tabletas para que los niños no monten numeritos ni berrinches.

Aun así, como he asegurado antes, algunos berrinches tendrán –si no, no serían niños, y el niño, antes que nada, debe ser niño para ser feliz y estar emocionalmente sano y estable–, y tampoco pasará nada. Y de vez en cuando recurriremos al móvil o a la tableta, y por mucho que afirme el típico amigo o amiga *que todo lo sabe* que no se debe hacer, de verdad que tampoco pasará nada.

Cómo sacarle partido a este libro

Como dije antes, la aplicación de mis consejos, aunque sean obvios, es difícil y **requiere tiempo y paciencia**, mucha paciencia –también mostraré trucos para *entrenarla*–, pero si educamos a nuestros hijos de esta manera racional, aprenderán y entenderán mejor las reglas que rigen su mundo –que aún no es el nuestro–, unas reglas que debemos aplicar para que en el futuro sean, por lo menos, **buenos seres humanos, felices, emocionalmente estables** y **con capacidad para afrontar los problemas** a los que tengan que enfrentarse a lo largo de su vida en el mundo infantil y adulto.

Antes de acabar este primer capítulo introductorio tengo que insistir en la necesidad de recordar una primera norma básica sin la cual nada de lo que se diga a continuación tiene sentido: **los niños no son adultos en pequeñito, son niños.**

Parece evidente, y lo es, pero la mayoría de los padres pasa por alto este detalle.

Detengámonos a pensar en ello un momento: todas las reglas, normas, directrices, etcétera, que son aplicadas a los niños por sus padres son normas de adultos. Para un niño, tirarse tres horas jugando en el parque, en su mundo de fantasía, perdida la noción del tiempo, es normal. No podemos pretender que ese niño juegue cinco minutos y luego se venga con nosotros y esté sentado a la mesa perfectamente, sin decir una palabra y aguantando conversaciones de política. Sería absurdo. **Eso no sería «portarse bien», sino acabar con la niñez.**

Igualmente, cuando sea más mayor y descubramos que ese mismo niño no ha vuelto a casa a su hora o que no nos hace caso cuando lo llamamos porque está jugando con sus amigos, totalmente ajeno al mundo, por supuesto tampoco podremos abroncarlo de una manera excesiva –que es lo habitual–, sencillamente porque **su cerebro de niño no sabe que ha hecho algo malo**. ¡Ha estado jugando! ¿Cómo va a ser eso malo?

Además de abroncarlo, la mayoría lo harían desde una posición erguida, es decir, elevada, con un tono de voz fuerte y haciendo aspavientos con las manos –o incluso ejerciendo la violencia física–. Todo eso es horrible.

¿Cómo dejar atrás esta actitud?

La primera (y más esencial) recomendación

Para continuar con la lectura de este libro, es imprescindible cambiar nuestro punto de vista, hacerlo viajar **desde el adulto que somos al niño que alguna vez fuimos**. Es decir, pasar de un modelo de educación *adultocéntrico* a un **modelo de educación *niñocéntrico***.

Tenemos que ver el mundo con sus ojos. No es tarea fácil, pero se puede hacer.[3] El niño tiene que ser el centro del mundo, y se hace necesario intentar pensar como él. Si protesta porque no quiere dejar de jugar en la tierra, intentaremos ponernos en su cabeza y pensar lo increíblemente bien que se lo está pasando en ese momento, los múltiples mundos imaginarios en los que puede estar inmerso, las maravillosas aventuras que puede estar recreando, los sentimientos de alegría por estar descubriendo la amistad con algún otro niño... Es preciso verlo así para entender que le cuesta dejar

3. Hay una película que trata muy bien este tema porque nos fuerza a cambiar ese punto de vista, aunque es algo dura: *La habitación* (*Room*, Lenny Abrahamson, 2015).

todo eso y volver a casa comportándose de una manera responsable. Ese es el ejercicio que debemos hacer y que pediré constantemente en este libro. Si no sabemos realizar este proceso de cambio de mentalidad, estamos perdidos.

Pero puedo dar pautas para intentarlo: imaginad por un momento que os encontráis en una sociedad en la que todo el mundo es muchísimo más alto y fuerte que vosotros y que os hablan con voz dura dando órdenes y prohibiéndoos hacer todo lo que os gusta. Además, la gran mayoría de los objetos y muebles que os rodean no son de vuestro tamaño, se rompen o son peligrosos. ¿Cómo os sentiríais?

Algunas pautas para una buena comunicación con los niños

No pretendo exigir que se disponga de una o varias habitaciones con todo el mobiliario adaptado al tamaño de los niños, aunque eso, como defiende el método Montessori,[4] sería lo ideal. Pero sí debo pedir un par de cambios en la actitud de los padres, imprescindibles para mejorar la comunicación y, a la postre, la educación de los hijos:

- **Al hablar con los niños**, especialmente cuando estén tristes, enfadados, emberrinchados, frustrados o sea preciso

4. Montessori, M. (2014). *Ideas generales sobre el método: manual práctico.* Madrid: Clásicos CEPE.

explicarles algo o razonar con ellos –sí, razonaremos con ellos, esa es la base de esta guía–, es mucho mejor:

- **Agacharse hasta estar a su altura.**
- **Mirarlos a los ojos** (y que os miren ellos).
- **Hablar con ellos en tono neutro** (aunque por dentro estéis a punto de estallar del enfado).

De esa manera toda la barrera de la altura y su significado de **imposición**, **fuerza** y **superioridad** se disolverá y se establecerá una conversación entre **dos iguales hablando de tú a tú.**

- Además, en esa misma posición, después o antes de hablar, se puede **abrazar al niño**; eso lo calma, lo reconforta y lo une a quien se dirige a él.

Cuando lo que se le diga no esté impuesto por la fuerza que inconscientemente es aplicada por la posición erguida del adulto, sino que se le presente hablando a la misma altura –física, pero también psicológica–, su pequeño cerebro se relajará y aceptará mejor esas palabras. Ese simple gesto, el de tomarse la molestia de ponerse a su altura para incluirlo en un mundo, el de los adultos, que él ve inaccesible e incomprensible, es un gesto de vital importancia para que la comunicación fluya mucho mejor y nuestros mensajes calen en él. **Integremos al niño, tratémoslo como a un igual.**

Sencillo, ¿verdad?

Pues ahora pongámoslo en práctica: agachémonos, pongámonos en cuclillas, invitémosle a que nos mire a los ojos y, en tono neutro, digámosle: «Julián, entiendo que no lo has hecho a propósito porque estabas jugando, pero ese jarrón era importante para mí. Está bien que juegues, pero la próxima vez tienes que entender que en el salón no se puede jugar».

Pero no debemos preocuparnos, con práctica acabaremos haciéndolo sin ningún problema.

Por supuesto, el episodio del jarrón no termina ahí, esta guía no sigue un método de educación pasivo: habrá **corrección**, evidentemente, pero de cómo aplicarla ya hablaremos más adelante –hay un capítulo entero dedicado a ello–. Por ahora, lo más importante es que:

Tanto para exponer las normas como para razonar, explicar, preguntarle su opinión o comunicarle los castigos y los elogios **debemos meternos en el mundo del niño** o incluirlo a él en el nuestro.

Aprenderemos a ponernos a su altura, a mirarlo a los ojos y a **hablarle tranquilamente**, **como a un igual**, concienciados en todo momento de la importancia de la educación que le estamos transmitiendo.

2. La ¿aventura? de ser padres

Más que una aventura: todo lo que implica ser padres

Ser padres no es una aventura, es una responsabilidad.

Me explico: ser padres es una experiencia maravillosa, para muchos la más maravillosa que se puede experimentar, y lo sostengo desde un punto totalmente objetivo y sin temor a equivocarme. Es, de todo lo que puede suceder en la existencia, lo que más acerca al ser humano a la VIDA, al proceso vital global que abarca a todos los seres vivos, a «estar vivo».

Pero ser padres es también **la mayor responsabilidad** que nadie pueda imaginar. El haber tenido niños es una de las principales causas de divorcio en el mundo occidental,[5, 6] por

5. Shapiro, A. F.; Gottman, J. M., y Carrère, S. (2000). «The baby and the marriage: identifying factors that buffer against decline in marital satisfaction after the first baby arrives». *Journal of Family Psychology*, vol. 14, n.º 1, pp. 59-70.
6. Medina, A. M.; Lederhos, C. L., y Lillis, T. A. (2009). «Sleep disruption and decline in marital satisfaction across the transition to parenthood». *Families, Systems, & Health*, vol. 27, n.º 2, pp. 153-160.

lo que, si no se está seguro de querer tener hijos, mejor no intentarlo, ya que va a ser peor para uno mismo, para la pareja, para el niño y, aunque no lo parezca, para la sociedad. El estrés, las discusiones, la falta de libertad, la sensación de no tener vida, de estar encadenado a algo a lo que, una vez obtenido, ya no se puede renunciar, dejar o cambiar, la falta de sueño y de privacidad e intimidad con la pareja, la urgencia por alimentar, sanar y calmar al hijo, ese sexto sentido de alerta y detección de peligros que se activa automáticamente en el cerebro desde el momento del parto... Todo eso, unido a la necesidad de seguir –más que nunca– con el ritmo laboral impuesto por la sociedad actual, lleva a los padres (recientes y no tan recientes) al límite de su aguante y genera afecto negativo y menor capacidad para soportar situaciones que antes eran triviales, lo que puede acabar con una relación que hasta ese momento era estable.

Aceptemos, pues, «aventura» tal como la define el *Diccionario de la lengua española* de la Real Academia Española, como **«empresa de resultado incierto o que presenta riesgos»** y olvidémonos de esa percepción de la aventura que nos ofrecen las películas de Indiana Jones, porque la paternidad no siempre es tan maravillosa, emocionante o divertida y porque, sobre todo, y al contrario de Indiana, es **permanente**: no podemos salir a buscar la aventura cuando queramos y descartarla cuando estemos agotados, porque el creer que funciona así implica decepción y sufrimiento.

Para que eso nunca ocurra, precisamente para eso, está escrito este libro.

Ser padres, así pues, implica serlo **veinticuatro horas al día durante trescientos sesenta y cinco días al año** –o trescientos sesenta y seis si es bisiesto–.

Veinticuatro horas porque habrá días que no tengan noche y se fusionen en una penumbra vaporosa e irreal con el día siguiente, un día en el que, por supuesto, como adultos que somos, tendremos que seguir cumpliendo con nuestras obligaciones.

Trescientos sesenta y cinco días porque ya no habrá fines de semana en los que poder dormir todo lo que no se ha dormido durante la semana de trabajo.

El niño tendrá un horario y se levantará siempre según ese horario, bien sea a las nueve, a las ocho, a las siete, o a las tres de la mañana... Al niño le dará igual que os hayáis acostado tarde el día anterior, que sean vacaciones, que estéis de resaca o que tengáis una reunión importantísima en la que se juega el futuro de vuestra empresa.

Reproducción, biología y un camino sin vuelta atrás

Desde un punto de vista biológico, existimos y estamos construidos para reproducirnos. Por eso existe el amor en la especie humana, por eso nos gusta el sexo y por eso experimentamos esa miríada de sensaciones y sentimientos maravillosos cuando nos convertimos en padres. Por supuesto, nada más lejos de mi intención afirmar que quien decide no reproducirse no es un ser humano; cada uno hace lo que quiere con su vida, por eso somos inteligentes y podemos enfrentarnos a nuestros instintos y diferir de ellos.

Pero la realidad es la que es: si no existieran los métodos anticonceptivos, simplemente por satisfacer nuestros instintos sexuales y por cuestión de probabilidades, se estarían produciendo embarazos continuamente. No hay más vueltas que darle, la vida de los organismos con reproducción sexual es así.

Ser padres, por otra parte, es lo más radical que puede ocurrir en la vida de un ser humano desde cualquier punto de vista. La vida de cada individuo puede discurrir por senderos más o menos tortuosos, pero en el momento en que una persona se convierte en padre o madre, cuando su hijo sale del vientre materno, ese sendero se bifurca y una fuerza inabarcable succiona a quienes le han dado la vida hacia esa nueva dirección sin que sea posible oponer resistencia, es más, casi sin que nos demos cuenta. Ese sendero conduce al nuevo universo del que ya es imposible no formar parte: el universo de los padres.

Como comenté algunas páginas atrás, para tener un hijo lo primero, lo más imprescindible, es querer tenerlo, desearlo. Si no es así, llegará el día, en algún momento, en que se lamentará esa decisión que nos hace viajar a un universo nuevo, el de los padres, sin que sea posible regresar al universo anterior. Ya nada es lo mismo. La paternidad, la maternidad, cambian la vida por completo.

Se trata de un punto de inflexión, de un paso adelante que es fundamental afrontar estando seguro de ello, teniéndolo claro. Si no es así, mejor no hacerlo. No hay que dejarse llevar por las normas sociales, por la presión del grupo o por lo que digan los demás.

Un niño no es un móvil, un niño no es un coche nuevo, un niño no es un perro.

Por eso, traer a un niño a este mundo conlleva **innumerables implicaciones.**

Para empezar, solo por existir, un ser humano tiene **una serie de derechos.** La prensa está inundada de noticias en las que a los padres les retiran la custodia por no alimentar bien a sus hijos, por criarlos en condiciones insalubres y hasta por no llevarlos en las sillitas reglamentarias en los coches.

Y esto solo desde un punto de vista legislativo; desde el punto de vista biológico, tener un hijo, igualmente, supone un cambio radical.

Cambios biológicos, paternidad y maternidad

Estos cambios biológicos son evidentes en el caso de las mujeres, no solo por el embarazo –que no es un tema menor–, sino también por todo el juego de hormonas que toman parte en él, el proceso del parto, la lactancia... Pero en el caso de los varones también se producen cambios: el cerebro de los padres, tanto varones como hembras, se cortocircuita cuando nace su hijo.

De hecho, y para ser más preciso, el cortocircuito se produce desde el momento mismo del embarazo. Solo cuando habéis pasado por todo el proceso entendéis por qué en todas las culturas se celebran tanto los nacimientos. Un nuevo individuo se está creando, y todo el mecanismo es tan delicado que los sentidos de alerta se disparan.

Ya desde ese instante en que los futuros padres toman conciencia de que «están embarazados» su ritmo vital se altera. Ya no se duerme igual y cualquier pequeño contratiempo crea una **inseguridad** y un **estrés** hasta ese momento inexistente y desconocido. Y como esas vicisitudes suelen ocurrir por la noche, cuando por norma nuestra sensación de miedo e inseguridad se activa más fácilmente, todo se vuelve catastrófico.

¿Cómo afrontar esto?

Con mucha relajación y tranquilidad, haciendo el intento de convencernos de que no pasa nada y de que si algo sucede, lo mejor es estar calmados para que la torpeza del nerviosismo no acabe de estropearlo todo.

Pero transcurrido el embarazo llega **el parto**, con los momentos previos de nervios infinitos en los que se duda si acudir o no al hospital.

He mencionado con anterioridad que el parto es la experiencia más emocionante y maravillosa que puede vivir un ser humano. En un segundo la pareja pasar de una vida a dos a tener un nuevo individuo, un hijo, con ellos. Un nuevo individuo que llora, que mira, que está vivo. Ese es el preciso instante en que ocurre ese pequeño *big bang* que da lugar al universo paralelo de los padres del que ya inmediatamente, casi a empujones, la pareja pasa a formar parte.

El nacimiento de un hijo, esos primeros instantes con el bebé, provocan llanto, risa, estremecimiento... Se siente alegría, miedo, nerviosismo, felicidad, inseguridad, fragilidad, responsabilidad... Y amor. Un amor como nunca antes se había sentido y que se ignoraba incluso que pudiera existir. Como si una cápsula estuviera guardada en algún lugar del cerebro humano y solo se pudiese acceder a ella en ese preciso momento. Antes, el *password* para abrirla era totalmente ininteligible, se emitía en una frecuencia distinta que era imposible percibir, pero el primer contacto con el bebé abre automáticamente esa cápsula, que vierte todo su contenido narcótico en el cerebro, que se inunda con él, y lo modifica para siempre.

Desde ese momento el padre, la madre y esa pequeña criatura que descansa –o grita– sobre el pecho de su madre –o padre– quedan unidos para siempre de una manera tan íntima, tan profunda, tan visceral y atávica que es imposible describirla con palabras. Porque es una unión que se remonta a los tiempos en los que no existía el lenguaje humano. Es una **unión animal**, una **unión pura y total**. Ese poder inmediato que posee para despertar nuestro amor es casi sobrenatural. Y experimentarlo es algo genial, y estoy muy feliz de haberlo vivido.

Ya sé que lo escrito anteriormente puede sonar imposible para gente que no tiene hijos, y dirán frases como: «Eso a mí no me pasa», «Yo soy muy frío» o «Menudo blandengue romántico», pero no, amigos y amigas, ocurre, y le ocurre a todo el mundo.

Lo digo con tanta convicción porque no hay margen de error. ¿Y por qué eso es así? ¿Por qué estoy tan seguro? ¿Por qué lo afirmo con esa rotundidad y autoridad? Es muy fácil: observemos nuestro entorno, a nuestro alrededor hay muchos niños –todos hemos sido un bebé en algún momento–. Dada su indefensión, si no existiera esa conexión tan profunda, potente y maravillosa, ningún bebé sobreviviría. Nosotros hemos sobrevivido, y los niños que vemos por la calle también, por lo que podemos decir que esas emociones tan intensas y positivas existen y han cumplido su función.

En la naturaleza **nada ocurre al azar**, todo tiene un porqué: la atracción sexual y el enamoramiento existen para que nos emparejemos, el sexo es satisfactorio para que lo practiquemos una y otra vez y aumenten las probabilidades de que se produzca un embarazo. Por supuesto, ahora nosotros hemos desarrollado anticonceptivos y lo hacemos por diversión, pero nuestros instintos no saben que vivimos en el siglo XXI. Y un bebé recién nacido, nuestro hijo, despierta una cantidad ingente de sensaciones y sentimientos maravillosos en nuestro cerebro porque sin nosotros muere. Simple y llanamente. El amor por nuestros hijos tiene la obligación de ser enorme, de una dimensión superlativa, porque **de ese amor depende su supervivencia**. Por eso un bebé –y un niño pequeño– con quien mejor está es con su madre y con su padre. **Es lo que le pide su instinto de supervivencia** y, por lo tanto, es **lo que más le conviene para su correcto equilibrio emocional**. Pero todo esto ya lo iremos tratando a lo largo del libro.

La paternidad como responsabilidad social

Además de que la paternidad o maternidad hace que se activen en vosotros determinados mecanismos biológicos que no se activan cuando os compráis un ordenador nuevo, por ejemplo, desde un punto de vista más amplio –y muy importante, aunque casi siempre ignorado–, **un nuevo ser humano va a formar parte de una sociedad humana de la que todos también somos participantes.**

Y como miembro de esa sociedad va a vivir en ella con todo lo que eso conlleva: va a influir en ella, va a interactuar con ella, va a trabajar en ella y para ella, va a enfermar en ella, va a cambiarla, moldearla, cuidarla, mejorarla o contribuir a su destrucción.

El que ese bebé acabe siendo jugador de fútbol, empresaria, profesor, miembro de Médicos sin Fronteras, actriz, cantante, abogada del Estado o científico, y el cómo desempeñe esta labor y qué valores transmita, depende, en gran parte, de sus padres.

RESUMEN DEL CAPÍTULO

- Ser padres no es una aventura ni un juego, es una (enorme) responsabilidad.
- Para convertirse en padres hay que querer serlo.

  – No se deben tener hijos por ceder a la presión social o familiar.

- Si esta es la única motivación, la relación de pareja y también los propios hijos lo acabarán pagando de un modo u otro.

- Ser padres es serlo 24 horas al día 365 días al año.
- Desde el momento en el que un bebé sale del útero materno ocurre un pequeño *big bang*, se crea un nuevo universo y absorbe violentamente hacia su interior a sus progenitores: es el «universo de los padres». Un universo paralelo al universo en el que habían vivido hasta ese momento, con sus propias leyes y sus propias normas, donde el espacio y el tiempo cambian —sobre todo el empleado en dormir— y que, además de relativo, discurre a una velocidad distinta.

  - El universo de los padres tiene sus momentos de trabajo desbordante, de miedos insospechados y de preocupaciones continuas, pero también tiene momentos de cariño infinito, de sentimientos hasta ahora desconocidos, de emociones maravillosas e inabarcables y de un amor de una dimensión, tamaño y nivel nuevos, desconocidos y desbordantes. También para lo bueno es preciso estar preparado, porque puede sobrepasar y hasta asustar.
  - Sin duda alguna, ser padres es la experiencia más extraordinaria, radical y trascendental que puede pasar en la vida.
  - Tener un hijo despierta en el interior de sus padres a nuevas personas que no sabían que existían, esas nuevas personas **sabrán afrontar perfectamente todos los pequeños problemas que surjan durante la crianza**. Para ello es imprescindible **intentar no preocuparse en exceso, simplemente dejarse llevar**. En quince días con el nuevo miembro de la familia en casa ya serán unos expertos.

- Ese bebé recién nacido, niño o niña, será ciudadano de la sociedad del futuro –de la que sus padres también formarán parte, aunque sea por un espacio más corto de tiempo–: debemos tenerlo en cuenta y educarlo con esta perspectiva, de tal manera que su impronta en esa sociedad futura sea la correcta. **No menospreciemos el alcance de lo que le enseñamos**.

Y tened en cuenta esto: no lo digo yo, **lo dice la CIENCIA.**

3. Miedo a morir

El capítulo más importante

Este es el capítulo más importante del libro. Quizás vuestro hijo o hija ya no deje tiempo para nada más que para dormitar en el sofá, lo que no permite que se duerma por la noche, o bien haya llegado a esa fase de la crianza en la que el agotamiento mental hace que cualquier esfuerzo intelectual más allá de ver la televisión te parezca una tarea ciclópea. Pero considero fundamental recordar explícitamente su importancia para que exista una mínima posibilidad de que este capítulo sea leído.

¿Y por qué es tan importante? Porque de la aplicación de lo que se diga en él dependerá en gran parte la empatía, habilidades sociales, sociopatía, problemas psicológicos o psiquiátricos, resiliencia, rendimiento cognitivo e intelectual, éxito académico y profesional, inteligencia emocional, creatividad, ánimo, humor, carácter, personalidad y sus posibles trastornos, autoestima... Y, sobre todo, la felicidad y la estabilidad emocional del niño y del futuro adulto que vaya a derivar de él.

A su vez, todas esas características influirán, como es fácil comprender, en las decisiones, ambiciones, ilusiones y motivaciones que ese futuro ser humano vaya a tener, así como en su obstinación para llevarlas a cabo.

Qué es la felicidad

Pues bien: ¿qué es eso tan importante de lo que dependen tantas cosas?

Ni más ni menos que **la seguridad**.

No se trata, quiero advertirlo antes de empezar a entrar en materia, de plantear o imponer un protocolo para «fabricar» a niños perfectos, superinteligentes, genios creativos y sin ningún problema emocional. Para eso no sirve ni este capítulo ni nada de lo que contenga este libro. Y si cualquier padre busca eso, mejor que cierre este volumen y se compre un manual de robótica.

Lo que se intentará en este capítulo y en el resto del libro es establecer algunas pautas y ofrecer consejos sobre qué es lo más importante para educar correctamente a un ser humano con el fin de que este sea **emocionalmente estable**, por qué se va a dar esa estabilidad y por qué esta va a ser crucial en su vida.

La estabilidad emocional será la herramienta definitiva que le permitirá enfrentarse a la vida con solvencia, resolución y felicidad. Una felicidad entendida en el sentido más amplio del término, lo que equivaldría a «bienestar psicológico», esto es, un **equilibrio** tanto para lo bueno como para lo malo.

Aclaro esto porque en la sociedad de **hoy en día se confunde el pico de alegría con la felicidad**: comprar un juguete que han anunciado mil veces en la televisión no proporciona felicidad, proporciona una **alegría efímera**, la de haber saciado una necesidad artificialmente creada. Esa pequeña dosis no crea un estado de felicidad estable, realmente no vale para nada, excepto para crear la necesidad de una nueva dosis. El objetivo de este libro es conseguir ese bienestar psicológico, esa estabilidad emocional, esa felicidad que haga de vuestro hijo un ser saludable y capaz de desempeñarse de la mejor de las maneras posibles.

La vida no es una ciencia exacta, no siempre 2 + 2 es igual a 4. Eso lo sabe cualquier médico así como cualquier científico que se dedique al estudio de los organismos vivos. La cantidad de variables es tan grande que resulta imposible que algo sea cierto al cien por cien. Si no es así con los medicamentos, ¿cómo va a serlo con la educación de un ser humano, para quien nacer en La Habana o nacer en Tokio ya va a influir notablemente en su psicología, comportamiento, habla, sensaciones, percepción de la realidad y devenir vital?

Sin embargo, sí se pueden proporcionar algunas claves que, si se siguen, pueden acabar en un resultado medianamente esperable. Está claro que, aunque eduquemos muy bien a un niño para ser emocionalmente estable y feliz, si sufre alguna eventualidad grave, puede que acabe desarrollando un trauma que sin duda condicionará su bienestar psicológico. Aun así, si fue educado correctamente, tendrá muchas más posibilidades de superar ese trauma –le lleve el tiempo que le lleve– que un niño que no haya sido educado en el método cognitivo-emocional que vamos a describir en este libro.

Cuestión de supervivencia

En el fondo, seamos japoneses, norteamericanos, africanos, italianos o nórdicos, hay una característica que todos tenemos en común: **somos seres humanos.**

Biológicamente, somos lo mismo. Nuestros cerebros son todos prácticamente iguales. Y nuestro cerebro de recién nacido no sabe diferenciar si ha nacido en Groenlandia, en Puerto Rico, en Francia, en Canadá, en Rusia o en Mongolia, del mismo modo que no sabe si es rico, pobre, negro o blanco. Nuestro cerebro de recién nacido no sabe que ha nacido en pleno siglo XXI, y en él se van a activar los mismos mecanismos que se activaban en los recién nacidos de los primeros *Homo sapiens* que vivían en la sabana africana, en las selvas asiáticas o en las cuevas del centro de Europa.

¿Cuál es el alcance de esta afirmación? Que el cerebro del recién nacido no sabe que trabajamos, no sabe que vivimos en una sociedad capitalista, no sabe que tenemos que dejar la casa a las siete de la mañana y que no regresaremos hasta las ocho de la tarde y no sabe que necesitamos dormir un poco para recuperarnos del cansancio que nos provoca el ritmo de esta sociedad. El cerebro de un recién nacido o de un bebé –y también el de los niños, al menos en su primera infancia– no sabe nada de esto. **Su cerebro solo sabe una cosa: tiene que sobrevivir.** Por eso cuando un niño pequeño llora a las tres de la mañana no lo hace para fastidiarnos la vida de adultos trabajadores estresados que somos, llora para sobrevivir, porque sin sus padres, en medio de la oscuridad, ese **cerebro interpreta que está en peligro**, y lo interpreta así porque está programado para ello.

Y es que, evolutivamente, con ese mecanismo, el llanto permitió la supervivencia de los bebés de nuestros antepasados que vivían en las cuevas en plena naturaleza: un bebé solo, en medio de la selva, era (y lo sigue siendo) incapaz de sobrevivir. La naturaleza es cruel, pero es así. En cualquier documental de La 2 se puede contemplar cómo los depredadores luchan por sobrevivir, y lo más fácil para ellos es ir a por los animales lisiados, los ancianos y las crías. Una cría despistada, lejos de su madre, está muerta, y por mucho que nuestro cerebro del siglo actual nos haya apartado de esa realidad siendo adultos, lo cierto es que **el cerebro de un bebé no sabe que ya no existen esos peligros.**

Los bebés, al igual que se colocan en la posición adecuada para salir del útero materno, al igual que buscan y succionan del pecho materno, también lloran. Y todo obedece a la misma razón: seguir vivo.

Pero, ojo, antes de empezar a relatar lo que acontece en el cerebro de un bebé cuando siente miedo y lo importante de la atención que le dediquemos, tengo que apuntar que, por supuesto, no hay que traumatizarse si en alguna ocasión, ante el lloro de un bebé, no es posible acudir inmediatamente. No va a ocurrir nada si sucede de vez en cuando, no es grave y se puede corregir: todo el cariño y el amor que se le proporcione después lo compensará totalmente, borrará ese recuerdo de peligro y reseteará su memoria, así como cualquier impronta epigenética que se haya «activado».

El problema es la frecuencia, es decir, **si sucede todos los días.** Como dije antes, **el problema es que ese bebé «aprenda» que** NADIE **va a acudir** NUNCA **a su ayuda**, que esa desatención ocurra sistemáticamente, **que predomine la desatención sobre la atención.** En este caso **se rompe la creación de un apego seguro**, se consolida la memoria de «el mundo es así de peligroso» y, como consecuencia, **se modifica la expresión genética en el cerebro,**[7] con **consecuencias psicológicas negativas** para el futuro adulto.

La desatención

Después de esta aclaración ya puedo explayarme sobre la desatención: imaginemos lo que se puede desencadenar en el rudimentario cerebro de un recién nacido cuando siente que está solo y que su vida puede estar en peligro –por la razón

7. Kaffman, A., y Meaney, M. J. (2007). «Neurodevelopmental sequelae of postnatal maternal care in rodents: clinical and research implications of molecular insights». *Journal of Child Psychology and Psychiatry*, vol. 48, n.º 3-4, pp. 224-244

que sea, incluso puede deberse al ruido de la aspiradora–: **miedo, estrés, adrenalina, tensión, horror, angustia, ansiedad**, etcétera. Solo debemos imaginarnos en una situación que pueda amenazar vuestra vida –de verdad– y trasladarlo a todo lo que puede sentir un bebé cuando se despierta, solo en su cuna, en total oscuridad, o cuando oye atronar algún pequeño electrodoméstico.

Vayamos ahora con la segunda parte del supuesto: imaginemos que nadie responde a sus lloros; para comprenderlo basta con pensar en lo que supondría para nosotros, adultos, estar sometidos a algo que amenace nuestra vida continuamente durante un periodo de tiempo: miedo, ansiedad, estrés... Solo que continuamente.

Por supuesto que si dejamos que el bebé llore, tarde o temprano –en las próximas doce horas– terminará cayendo rendido por agotamiento, dejará de llorar y se dormirá. Pero **todo ese miedo –que quizá se haya transformado en terror– que ha pasado ya no se borrará**. Y con el tiempo, y con la repetición de este método cruel y que es totalmente un despropósito, el niño quizás aprenda que no merece la pena llorar y que no pasa nada si se queda callado. Es posible, pero **la terrorífica experiencia anterior habrá quedado grabada en su cerebro tanto en el plano memorístico como en el epigenético y, por supuesto, tendrá consecuencias de adulto.**[8]

8. Jawahar, M. C.; Murgatroyd, C.; Harrison, E. L., y Baune, B. T. «Epigenetic alterations following early postnatal stress: a review on novel aetiological mechanisms of common psychiatric disorders». *Clinical Epigenetics*, vol. 7, p. 122.

De hecho, que el bebé «aprenda» eso, algo que algún adulto celebraría como «mi niño es independiente, no llora aunque lo dejes solo», es lo peor que puede ocurrir, porque significa que **su cerebro habrá aprendido y grabado a fuego mediante epigenética y reforzamiento sináptico que no tiene una estructura familiar segura, que, si algún día está en peligro, nadie lo ayudará, que está solo y desamparado en el mundo.**

Eso, por una parte, **lo convertirá en un adulto inseguro, que buscará desesperadamente cariño**, y **se unirá a cualquiera que le dé un mínimo de afecto, aunque sea mentira.**

Por otra parte, el cerebro del bebé no alcanzará a entender por qué sus padres, esas figuras que tanto ama por un apego instintivo, no acuden a su llamada de protección, y la explicación que hallará será que es culpa suya.

Con este descubrimiento, **el desarrollo de una autoestima segura ya está corrompido para siempre**, con todos los **problemas emocionales** que ello conllevará en el futuro.

Es lo mismo que les sucede a los niños que sufren maltratos por sus seres queridos: su cerebro no puede entender cómo esa figura que tanto aman les causa dolor, de modo que terminan por culparse a sí mismos y por verse como escoria.[9]

Todo eso podemos evitarlo simplemente:

9. Egeland, B.; Sroufe, L. A., y Erickson, M. (1983). «The developmental consequence of different patterns of maltreatment». *Child Abuse & Negl*ect, vol. 7, n.º 4, pp. 459-469.

- Dándoles un abrazo cuando lo piden.
- Consolándolos cuando lloran.
- Prestándoles atención plena siempre.
- Jugando con ellos.
- Escuchándolos.
- Queriéndolos sinceramente.

¿De verdad es tan difícil?

Puede parecernos una tontería y un incordio este modelo *niñocéntrico*, pero pensemos en que para el cerebro de un bebé o un niño pequeño el mundo es un lugar totalmente diferente. Para él la experiencia de estar solo en una habitación oscura sin que nadie lo atienda es totalmente traumática. Es lo que sería para nosotros si, estando sentados tranquilamente en una terraza tomando un café, de repente ocurriese algo que pusiese en peligro nuestra vida. Ahora, imaginemos que eso se repitiera todos los días. ¿Dejaríamos de sentir miedo? ¿Nos gustaría la experiencia? ¿Podríamos vivir felices pasando todos los días por esa experiencia? ¿Podremos suponer que vivir así tendría consecuencias psicológicas para nosotros?

Apliquemos estas mismas respuestas a un bebé que se despierta solo en la oscuridad de su cuarto o simplemente que se queda solo en medio del salón mientras sus padres van a otra habitación, o que tiene hambre, llora desesperadamente y no es atendido bajo la absurda premisa de: «Tiene que acostumbrarse a estar solo».

¿Comprendemos ahora el alcance negativo de esa afirmación?

Lo que el bebé percibe

El bebé no sabe que sus padres están en otra habitación, él no sabe que «volverán en un segundo» por mucho que se lo griten en la distancia, él no sabe que ya le están preparando el biberón... De hecho, piensa que cuando sus padres desaparecen de su campo visual –como, por ejemplo, al ir a otra habitación a ponerse un pantalón– dejan, literalmente, de existir.

Así es como funciona su cerebro.

Además, para él, en cuanto sus padres salen de su campo visual, esa ausencia se percibe sin un componente temporal. Es decir, que para él es lo mismo que sus padres se ausenten treinta segundos o quince años, porque **no sabe lo que es el tiempo ni sabe lo que es el espacio.**

El bebé no llora por vicio, no llora pensando: «Voy a fastidiar a este tipo que está tan plácidamente tirado en el sofá viendo una película», **el bebé llora porque en su cerebro salta la alarma de peligro, y él quiere seguir vivo, y nosotros debemos hacerle sentir que así será.**

El cerebro del bebé necesita sentir que no va a morir, necesita sentirse seguro, y los únicos organismos de su entorno que van a asegurarle esa seguridad al cien por cien son sus padres y su entorno familiar más cercano.

En realidad, para ser más precisos, no serían tanto sus padres o familiares como la gente que el bebé interpreta que está más cercana a él, que pasa más tiempo con él. Normalmente se trata de sus padres, pero también puede ser algún amigo de los padres o un familiar cercano.

El cerebro del bebé va captando a las personas de su entorno, las que pasan más tiempo cerca de él y le dan más cariño, y las va incluyendo en su red de «núcleo familiar», que en realidad en su cerebrito quiere decir: «La gente que más posibilidades de supervivencia me otorga». Por eso, lo mejor para la estabilidad emocional del bebé es que esté **el mayor tiempo posible con sus padres** y que estos le den **todo el amor y la protección que puedan. Nunca será demasiado.**

Está claro que siempre hay un límite: cuando el bebé cumpla dieciocho años no podemos seguir permitiendo que duerma con nosotros en la misma cama, pero antes, sin llegar a este extremo, cuando nuestro bebé siga siendo pequeño y aparezca el típico sabelotodo que todos conocemos que pronuncie sin empacho las típicas frases: «Estáis maleducando al niño», «Está muy enmadrado/empadrado», «Se ha acostumbrado mucho a que lo cojáis en el regazo», «Tiene que habituarse a estar solo», quizá lo primero que puede ocurrírsele responder a cualquiera es un «Déjame en paz, que educo a mi hijo como quiero» o incluso alguna palabra más gruesa, pero como hay que ser cívicos se puede optar por explicarle un poco de biología evolutiva y psicología y decirle que **el mundo que percibe el cerebro del bebé es totalmente diferente al nuestro** y que **las consecuencias que puede acarrear la falta de cariño y la percepción de inseguridad en un cerebro tan «nuevo» pueden ser terribles y condicionar toda la vida posterior del niño.** Si sigue insistiendo en su teoría, un buen recurso es comenzar a citar estudios científicos que demuestran por activa y por pasiva lo defendido en este libro. Finalmente, los sabelotodos tendrán que aceptar que tenéis razón. Lo que dice la ciencia es lo cierto, independientemente de que se quiera creer o no.

Percepción *niñocéntrica* vs. percepción *adultocéntrica*

Quizás haya sido demasiado insistente, drástico e incluso agresivo con el tema del «miedo a morir» que experimenta el cerebro del bebé, pero sé por experiencia que a los adultos nos cuesta situarnos en otro mundo que no sea el nuestro. Y el mundo que percibe un bebé, como acabo de explicar, es totalmente distinto al nuestro.

Por ello, no podemos seguir un modelo *adultocéntrico* y **que el bebé se adapte por completo a nosotros.** Eso no es correcto ni beneficioso para su sano desarrollo. Por más difícil que resulte, **son los adultos quienes han de adaptarse al bebé y no al revés.**

La culpa de que los primeros meses los padres y madres parezcan zombis caminando por la ciudad (cansados, despeinados, malnutridos...) **no es de los bebés, es de la sociedad,** que no está organizada de modo que podamos conciliar la vida familiar con la profesional. Los bebés tienen sus ritmos y necesidades, que son las que les dicta la biología, y ellos no tienen la culpa de que la sociedad que hemos creado no los haya tenido en cuenta.

La misma sociedad que después, cuando estos bebés que no han sido bien atendidos emocionalmente se convierten en adultos, se resiente y se queja de las consecuencias y los problemas que pueden llegar a ocasionar.

No se debe olvidar que todos los adultos, todos los personajes –políticos, deportistas, artistas, exploradores, escritores...– que por una buena, una mala o una horrible razón forman parte reseñable de la historia de la humanidad, han sido alguna vez bebés y niños. Los adultos somos responsables de la sociedad del futuro a través de la educación que proporcionemos a nuestros hijos. Pensemos un momento en eso y en cómo podría haber cambiado la historia según cómo se hubiesen criado a determinadas personalidades...

Cuando la causa eres tú

La percepción de peligro o de situación no segura que pueda tener el bebé también pueden crearla o transmitirla los padres. Muchas veces estos se quejan de que sus hijos no duermen bien, no concilian el sueño, lloran mucho o son intranquilos, y basta solo un minuto con esos padres para observar cuál es la causa: ellos mismos.

Para entender el cerebro del niño hay que volver a situarse en el punto de vista evolutivo. Estamos tan acostumbrados al mundo en el que vivimos, las sociedades capitalistas industrializadas, que no nos damos cuenta de que nuestras emociones y nuestras reacciones no pertenecen a él, sino al mundo natural. La adrenalina existe para luchar o huir, no para conducir un coche a tres cientos kilómetros por hora. Y el estrés, en su concepción original, no se produce debido a la necesidad de generar horas y horas de trabajo; el **estrés**, en un entorno natural, para un animal, significa **peligro, amenaza**. Las hormonas de estrés se segregaban cuando existía una amenaza cercana al entorno del individuo, cuando había que estar alerta para sobrevivir. Por eso el estrés baja la libido, por eso no deja dormir. Tener descendencia en un entorno hostil no es buena idea, igual que no lo es quedarse dormido profundamente si hay un depredador rondando.

Hoy en día eso no tiene sentido –al cien por cien–, pero el cerebro del bebé no lo sabe, como ya he dicho. Por eso, **si percibe estrés en sus padres o en su entorno** –sí, es capaz de percibirlo, al igual que el miedo o la alegría–, **su cerebro entenderá que existe una amenaza cerca, que su vida corre peligro, y por eso también se estresará, llorará, estará intranquilo, dormirá mal...**

Se trata de un proceso complejo que no siempre se percibe con claridad cuando se está inmerso en una situación semejante. Es como un círculo vicioso: el niño llora mucho porque nosotros le transmitimos intranquilidad con nuestros movimientos, nuestro lenguaje corporal, nuestro tono de voz, nuestra tensión muscular al cogerlo, nuestra temperatura... Todo eso es percibido por él, todo. Y si siempre estamos en ese estado, **el cerebro del bebé asimilará que vive en un entorno peligroso** o que una amenaza desconocida e imposible de solucionar ronda la vida de sus padres, es decir, su vida. Todo eso vuelve a repercutir negativamente, de nuevo, en la consolidación del apego y la forja de una personalidad segura, porque percibirá que sus padres no pueden solucionar esa amenaza y, por lo tanto, no pueden garantizar su supervivencia.

El arma secreta: la meditación

Ya sé que en este punto es fácil pensar: «Pues vaya, a ver cómo hacemos si dormimos poco, trabajamos mucho y encima tenemos que cambiar pañales, dar de mamar, hacer la papilla, llevar al médico…». Lo sé, parece imposible y, de hecho, es muy difícil conciliar. Pero hay que intentarlo por el bien del pequeño. **Hay que volcarse totalmente en crear un entorno de seguridad para el bebé**. Incluso aunque no sea del todo cierto.

La película *La vida es bella*[10] es un maravilloso y perfecto ejemplo de este proceso, y, un poco como ocurre en ella, en la realidad de los padres es preciso violar los principios de la termodinámica y sacar energía de donde no la hay para lograr una de las actitudes más importantes que destacaré en este libro: **relajarse**. Para eso la mejor estrategia que existe hoy en día en psicología es la meditación y, dentro de esta, el ***mindfulness*** por su efectividad a corto y a largo plazo y por su facilidad de aplicación.

Porque el *mindfulness* se puede practicar en casa y sin ayuda de especialistas e incluso, cuando el niño sea mayor (entre

10. *La vita è bella*, Roberto Benigni, 1997.

cinco y ocho años), podrá hacerlo él también. No es necesario llegar a un nivel budista y estar dos horas meditando. Hay técnicas de *mindfulness* de dos, diez o treinta minutos que pueden resultar de gran ayuda. No debemos menospreciar esta técnica cuyos efectos, además de estar demostrado que son beneficiosos en la salud tanto mental como corporal, repercutirán en la salud del bebé,[11, 12] porque si una persona está relajada, tranquila y feliz, el bebé percibirá este estado como sincero y verdadero cuando esa persona lo abrace, lo bese y lo coja en el regazo, y ese efecto será mil veces mejor que el que le compren el regalo más caro de la juguetería.

En cuanto a cómo practicar el *mindfulness*, hoy en día existen miles de libros y material web disponible para principiantes[13] en los que se enseña de un modo ameno y sencillo cómo comenzar a practicar esta técnica y profundizar en su uso.

¿Se siente seguro mi bebé?

En cuanto al bebé, es muy sencillo comprobar hasta qué punto se siente seguro y cuán importante es esta circunstancia para su bienestar, y existe al alcance de cualquiera un

11. Coffey, K. A., y Hartman, M. (2008). «Mechanisms of Action in the Inverse Relationship between Mindfulness and Psychological Distress». *Journal of Evidence-Based Complementary & Alternative Medicine*, vol. 13, n.º 2, pp. 79-91.
12. Perry-Parrish, C.; Copeland-Linder, N.; Web, L., y Sibinga, E. M. (2016). «Mindfulness-Based Approaches for Children and Youth». *Current Problems in Pediatric and Adolescent Health Care*, vol. 46, n.º 6, pp. 172-178.
13. Kabat-Zinn, J. (2009). *Mindfulness para principiantes*. Barcelona: Kairós.

pequeño y sencillo experimento mediante el cual averiguarlo. Antes de comenzar, una advertencia: este experimento no funciona con bebés muy pequeños, de días, sino algo mayores. Es preciso que empiecen a tener unos ritmos un poco marcados, así como de sueño. Es un buen momento cuando tienen una pauta de una siesta por la mañana y otra por la tarde, aproximadamente, por ejemplo, a los cinco o seis meses. No es obligatorio que tengan esta edad, insisto, pero sí un poquito de regularidad en el sueño.

Dicho esto, comencemos con el experimento. Para realizarlo se debe tomar un reloj y cronometrar una de las múltiples siestas que se eche el bebé (por la noche también se puede hacer). Se cronometrará esa siesta con el bebé en su cuna durmiendo solo en la habitación y posteriormente se medirá ese mismo momento de la siesta en un día diferente con el bebé durmiendo y los padres en la misma habitación realizando alguna actividad tranquila y poco ruidosa, como leer, trabajar o leer en el ordenador, dormir, etcétera. Por último, cronometraremos pocos días después al bebé durante esa misma hora de la siesta, pero con este durmiendo con sus padres en la cama.

Al comparar los resultados, se verá con claridad –porque así lo demuestran los estudios– que el tiempo que pase durmiendo el bebé será mayor en la tercera siesta, la que duerme con sus padres en la cama; le seguirá en duración aquella en la que durmió en su cuna con sus padres en la misma estancia en silencio y, finalmente, el menor tiempo será aquel en que durmió solo en el cuarto.

Sé que algunos lectores podrán decir que, tras realizar este experimento, sus resultados no son estos, y no pasa nada, como ya he dicho en este texto en innumerables ocasiones, porque la vida no es una ciencia exacta al cien por cien, pero puedo afirmar así mismo, sin temor a equivocarme, que en la mayoría de los casos los resultados coincidirán. Unos resultados, por otra parte, que **no implican que sea un imperativo el tener que dormir siempre con los niños en la cama, ni siquiera que los padres estén siempre presentes en el cuarto donde duermen**, ya que eso es inviable. Muy al contrario: no sucede **nada** porque el niño duerma la siesta solo en su cuna y se le vaya a atender en cuanto se despierte, porque de lo que trata en realidad el experimento es de demostrar **la importancia de las figuras parentales a la hora de que el cerebro del bebé perciba que está seguro.**

El simple olor que los padres desprenden indica al cerebro del bebé que se encuentran cerca y que puede estar tranquilo. Su calor corporal ejerce el mismo efecto y, por supuesto, el contacto físico con su cuerpo será el *summum* de esa **sensación de seguridad.**

Como comenté con anterioridad, no estoy recomendando que haya que pasar todo el tiempo de sueño de nuestros bebés en la misma habitación o la misma cama –pero que conste que sería lo óptimo–, pero lo que sí **recomiendo encarecidamente es que, durante las noches, su cuna esté en la habitación de los padres, por lo menos el primer año y medio.**

¿Colecho o no colecho?

Los padres deben sentirse libres a la hora de tomar la decisión de si practicar o no el colecho y pensar tanto en sus circunstancias como en cuánto les apetece o no hacerlo.

Hay numerosos defensores acérrimos del colecho, una práctica que, por otra parte, tiene todo el sentido evolutivo, ya que, en los albores de la humanidad, en las cuevas, era así como dormían nuestros antepasados primitivos –los esquimales lo siguen haciendo por razones de temperatura–, por lo que no es incorrecto, pero insisto en que no debe ser una obligación. En mi caso, considero que cada pareja ha de ser libre para decidir y no es imprescindible hacerlo por norma, aunque sí puede ser especialmente recomendable cuando los bebés maman por la noche, ya que ahí se pasa a la fase de sueño-alimentación, en la que se establece esa simbiosis madre-bebé donde ambos duermen y se alimentan –o dan alimento– a la vez.

Pero existen muchas combinaciones válidas y cada quien ha de seguir la que estime más adecuada. Eso sí, **lo que es total y absolutamente incorrecto es que el bebé duerma, desde los primeros días o meses, en una habitación separada él solo**. La separación de los bebés de sus madres para dormir en un cuarto aparte dispara los niveles de estrés en los niños –y en las madres–, lo que acaba afectando a la calidad de su sueño y, en definitiva, a su salud en general.[14]

14. Morgan, B. E.; Horn, A. R., y Bergman, N. J. (2011). «Should neonates sleep alone». *Biological Psychiatry*, vol. 70, n.º 9, pp. 817-825.

Por ejemplo, la Asociación Norteamericana de Pediatría recomienda que los bebés duerman en el cuarto de sus padres al menos hasta el año, ya que esta práctica rebaja la mortalidad de los bebés en un 50 %.[15]

Respecto a sus detractores, hay gente que defiende que el colecho no es correcto y que afirma que, de hecho, está asociado con la muerte súbita del bebé. Esa tesis viene avalada por resultados obtenidos en algunos estudios,[16] por lo que debo respetarla. Pero, aun así, varios expertos han defendido, y yo estoy de acuerdo con ellos, que, por una parte, esa probabilidad es tan baja que los beneficios sobrepasan por mucho a los riesgos y, por otra, esos resultados se han dado porque se ha realizado el colecho de una manera negligente.

De todos modos, no quiero defenderlo de manera radical, cada uno ha de decidir lo que quiera. Lo que sí ha demostrado ser muy beneficioso, tanto para la salud de los niños como para la de los padres, ha sido, como he dicho anteriormente, que los bebés duerman en el mismo espacio que los padres durante su primer año de vida.

15. American Academy of Pedriatrics (2016). «SIDS and Other Sleep-Related Infant Deaths: Evidence Base for 2016 Updated Recommendations for a Safe Infant Sleeping Environment». *Pediatrics*.
16. Mitchell, E. A. (2009). «SIDS: past, present and future». *Acta Paediatrica*, vol. 98, n.º 11, pp. 1.712-1.719.

¿Cuándo sacar al niño de la habitación?

Mi ideal sería disponer de una habitación muy grande en la que durante los primeros años –pongamos cinco– de vida de los niños estos pudiesen dormir con sus padres. Es decir, no en la misma cama, pero todos juntos en una enorme habitación compartida.

Pero a la hora de la verdad la pregunta del millón que todo el mundo me hace es: «Sí, muy bien, pero ¿cuándo es el momento de sacarlo de nuestra habitación?». Y en esa tesitura suelo responder siempre lo mismo: «No hay una fórmula, la vida no es matemática».

Y es cierto: cada niño es diferente. Por eso, **los padres han de escuchar y sentir lo que les dicta su cerebro y sus necesidades de recuperar su espacio.**

Llega un momento en el que el bebé pasa a ser un «niño», son etapas madurativas, y ese es un buen momento para sacarlo del dormitorio de los padres, pues **su cerebro habrá madurado** ya un poquito y **estará mejor preparado para ser más independiente.**

El pasar una etapa madurativa es como hacer una copia de seguridad –un *backup*– del ordenador: lo que le ha ocurrido a ese niño y es percibido como importante queda guardado. De esta manera, **si hasta ese momento hemos procedido correctamente, el cerebro del niño habrá consolidado que sus padres siempre estarán a su lado, aunque él duerma en otra habitación, y no habrá problema alguno.**

Una importante etapa de madurez del neurodesarrollo del cerebro del niño ocurre más o menos a los dos años; quizá ese sea un buen punto de referencia. Esto lo trataremos con más detalle en el siguiente apartado.

Maduración y sueño

En realidad, tanto en los adultos como en los bebés (aunque en estos muchísimo más, ya sea por la profundidad del proceso como por la fisiología propia de su cerebro a su corta edad) **dormir es como un pequeño *backup***, un pequeño pasito madurativo. De hecho, prestando mucha atención es posible notar cambios notables en un niño entre el antes y el después de una buena siesta o una noche determinada de buen sueño.

Durante el sueño se produce el aprendizaje y la consolidación de todo lo experimentado durante la vigilia. En un niño, la estructura del sueño es distinta a la adulta, con muchos más minutos en la fase *profunda* del sueño, que es precisamente en la que se produce la reorganización de las conexiones neuronales, es decir, **el aprendizaje** y **la memoria.**

Además, en el niño se producen **cambios estructurales del cerebro** –diferenciación de neuronas, generación de nuevas neuronas, organización de áreas cerebrales, etcétera– que **tienen lugar todos ellos durante el sueño.**[17]

17. Wilhelm, I.; Prehn-Kristensen, A., y Born, J. (2012). «Sleep-dependent memory

Una vez, en el transcurso de una conversación, alguien utilizó una metáfora que me parece acertadísima, y es la de equiparar el desarrollo evolutivo del cerebro de los bebés o niños durante sus primeros meses o años de vida con el proceso de añadir nuevas aplicaciones en el móvil: hay aplicaciones que no podemos instalar aunque queramos porque antes hay que actualizar el sistema operativo del móvil, como todos sabemos.

Pues bien, en el cerebro del bebé ocurre lo mismo: por mucho que quisiéramos instalarle la aplicación del habla, su sistema operativo aún no lo permite, ya que esa área del cerebro aún no ha madurado. Pero llegará un día, seguro que después de una siesta o una excelente noche de sueño, en el que de repente el bebé empezará a articular balbuceos. Esa noche ha tenido lugar una «actualización del sistema operativo», por la cual su cerebro se ha «descargado» e «instalado» la aplicación del habla.

Después, las diferentes «actualizaciones» de la aplicación le irán permitiendo poco a poco utilizar más palabras, formar frases, mantener conversaciones…, y lo mismo ocurrirá con el apego, el reconocimiento en el espejo, el gateo, el andar, la asimilación de la llegada de un hermanito, etcétera.

Un día quizá se percibe algo raro en él, se va a dormir y, al despertar, ya hace algo nuevo. Es evidente: durante el sueño se ha «bajado» la nueva aplicación y la ha «instalado».

---

consolidation: What can be learnt from children». *Neuroscience & Biobehavioral Reviews*, vol. 36, n.º 7, pp. 1.718-1.728.

Es decir: **durante el sueño el cerebro del niño ha cambiado, ha madurado y ahora es capaz de hacer algo nuevo.**

Pues bien, cuando se suceden muchas de estas actualizaciones seguidas, estas dan lugar a un **cambio profundo en el cerebro que implica la adquisición de muchas nuevas características**, y eso es lo que se conoce como **etapa madurativa.**

Una de estas etapas más importante es la que tiene lugar **entre los dos y los tres años**, por eso es un buen momento para proceder al cambio de habitación. Ahora bien, cuándo exactamente es algo que tendrán que decidir los padres en función del niño, de sus necesidades (tanto las del niño como las de los padres) y de sus apetencias: hay padres que desean más independencia y otros a quienes les encanta que sus hijos estén en su habitación. De todos modos, siempre será mejor pasarse que quedarse corto. Eso sí, sin llegar a los dieciocho años.

La sobreprotección

Es muy importante, por último, **no confundir el aportar seguridad al bebé con ser demasiado protectores.**

El bebé, cuando empieza a gatear o andar, ha de **explorar** y **asumir riesgos** –y ello implica caerse–. Hay que permitirle que lo haga. Una cosa es estar con él para que no tenga miedo y otra muy diferente es no dejarlo explorar.

El poder explorar por su cuenta es crucial para el bebé. De hecho, aunque parezca paradójico, es importantísimo para **que gane seguridad en sí mismo.** El **que asuma riesgos controlados es fundamental para una correcta autoestima.**

El bebé está conociendo su mundo, aprendiendo dónde están los peligros, afrontando y superando retos... Es necesario que pueda decidir por su cuenta y equivocarse. Todo eso es procesado por su cerebro para hacerse una idea del mundo y de sí mismo y conlleva varios efectos fundamentales:

- **Le da una identidad:** las decisiones son suyas.
- **Le aporta conocimiento y seguridad:** sabe cuáles son sus límites y capacidades.
- **Apuntala su autoestima:** aprende a acertar y a fallar bajo su responsabilidad.

Eso sí, **hay que estar cerca, apoyarlo, animarlo y cuidarlo** cuando se caiga y se lastime. Como no me canso de recalcar, el truco siempre está en el **equilibrio**, en encontrar el punto óptimo. Aun así, en mi opinión, cualquier persona puede percatarse de la diferencia entre dejar a un bebé llorar solo en una habitación a oscuras durante tres horas y observar desde una distancia prudente cómo se sube al sofá, se cae y vuelve a intentar subirse.

En conclusión: si un día el niño se salta una comida, esto no tendrá mayor repercusión, pero **que no haya un día que falte amor, protección y cariño.** Recordemos a los monitos que acudían al robot forrado de felpa antes que a la mano de alambre que les daba comida, recordemos a los animales en cautividad que, aunque tengan toda la comida del mundo, no se reproducen...

Para el cerebro de un bebé, un día sin comida no significa la muerte, treinta segundos sin la cercanía de sus padres, sí. **Lo más importante para la estabilidad emocional del niño, lo que repercutirá en miles de aspectos a lo largo de su vida, es la percepción de seguridad.** A partir de ahí podremos empezar a construir un ser humano.

RESUMEN DEL CAPÍTULO

- Un bebé no llora por vicio; un bebé llora por miedo a morir, esto es, porque no se siente seguro o se siente vulnerable o desprotegido, tiene hambre, sueño, el pañal lleno... (o por algún dolor o enfermedad, pero no por malicia o manipulación).
- En cuanto a las demostraciones de amor o cariño –vulgarmente conocidas como «mimos»–, siempre es mejor pasarse que quedarse corto.
- Para «ser independiente» y «enfrentarse al mundo real» a ese bebé le van a sobrar años y experiencias. Cuando son bebés no es el momento. Precisamente el amor y el cariño que se le puedan proporcionar, le darán la estabilidad emocional para afrontar positivamente esos conflictos en el futuro.
- Si el niño pide que lo cojan, hay que hacerlo. Si está más tranquilo durmiendo con sus padres, que lo haga. No hay que preocuparse: a los dieciocho años no va a meterse en la cama de sus padres ni pedir «regazo». Le sobran años, insisto, para ser independiente.

- Todo lo invertido en cariño y mimos, en definitiva, en protección, le será devuelto a ese bebé con miles de intereses –y a sus padres también–. La estabilidad emocional que poseerá es impagable y repercutirá en muchísimos aspectos de su vida, entre los cuales se incluye el éxito profesional, el rendimiento cognitivo e intelectual y la firmeza frente al consumo de drogas, por ejemplo.
- El modelo *adultocéntrico* no es correcto para la salud emocional –y física– del niño: tener un hijo es una responsabilidad, y en cuanto ese bebé está en el mundo, sus padres han de doblegarse a su ritmo. Su vida girará en torno a él. Durante unos años será preciso que esos padres hipotequen su vida en beneficio de su hijo. Es un buen consuelo pensar que, aunque conlleve mucho sacrificio, es lo más maravilloso que se puede hacer en la vida.
- El bebé es el centro; pulveriza el ego y egoísmo de sus padres. Ahora se trata de él, hay que sacrificarse por él. Es la principal responsabilidad de sus progenitores.
- Lo mejor es huir de todo aquel sabelotodo que afirme que «el niño está enmadrado», «yo no le doy de mamar a las tres de la mañana ni loco», «déjalo que llore que tiene que hacerse fuerte», etcétera. Los padres deben intentar escuchar su instinto y su sentido común. Y, en caso de duda, lo mejor es acudir a la ciencia.
- Es bueno practicar el *mindfulness*: sumará años de vida tanto al bebé como a los padres.

Y recordemos una vez más que esto no lo digo yo, lo dice la CIENCIA.

4.
¿Una bofetada a tiempo arregla muchas cosas?

«No hay nada mejor que una bofetada a tiempo»

Esta es, quizás, una de mis frases de sabelotodo favoritas. Por dos razones:

1. Porque me recuerda a aquella otra que se dice en broma: «Para qué vamos a hablar si podemos arreglarlo a puñetazos», aunque, curiosamente, cuando esta frase se pronuncia suele hacerse en un contexto de broma, en tanto que la que se aplica a los niños suele decirse totalmente en serio (¡!), lo cual ya no es que sea incoherente, es que es el no va más de la incoherencia que los adultos hablen de solucionar los problemas a puñetazos en vez de hablando como algo gracioso o estúpido, precisamente por su connotación arcaica y, sin embargo, cuando se habla de pegarle a un niño ¡se dice totalmente en serio!, como algo que es bueno y que hay que hacer. «Para que aprendan», repiten. Analizándolo así, en frío, resulta demencial.

2. Y la segunda razón es porque quien pronuncia esta frase no se da cuenta de que lo más probable es que el com-

portamiento que está observando y que está criticando está llevado a cabo, precisamente, por un adulto que ha recibido muchos azotes en su niñez; es más, con toda seguridad han sido esas bofetadas y azotes, esa violencia, los que han provocado que dicha persona se comporte así.[18, 19]

Se le pega a los niños porque «podemos». Porque tenemos más fuerza física que ellos, **muchas veces (demasiadas) se recurre al control mediante la violencia**. De hecho, cuando los niños ya son tan fuertes lo son sus padres, éstos dejan de pegarles, ¿me equivoco?

Ejercer la violencia sobre otra persona es una manera de imponerse, de marcar la autoridad, de obligar, de castigar. Pero lo que se transmite con esa violencia es **totalmente incorrecto** para nuestro objetivo: educar a un ser humano feliz, emocionalmente estable, inteligente, razonable, respetuoso, empático, ético y conocedor de las normas sociales.

Si tu objetivo es otro, este no es tu libro, pero luego no te quejes si ese adulto que algún día fue tu niño y estuvo bajo tu responsabilidad, tiene problemas. Quizás hasta salga una grandísima persona, que, pese a ello, se encuentre completamente trastornada, sea infeliz y presente una conducta inestable.

18. Solomon, C. R., y Serres, F. (1999). «Effects of parental verbal aggression on children's self-esteem and school marks». *Child Abuse & Neglect*, vol. 23, n.º 4, pp. 339-351.
19. Ateah, C. A.; Secco, M. L., y Woodgate, R. L. (2003). «The risks and alternatives to physical punishment use with children». *Journal of Pediatric Health Care*, vol. 17, n.º 3, pp. 126-132.

He puesto este último ejemplo para demostrar de nuevo que la vida no es matemática y que, aunque lo hagamos todo a la perfección, siempre puede salir mal uno de muchos y, en cambio, haciéndolo todo horrible y hasta de manera delictiva puede surgir una esmeralda del fondo del fango…, aunque sea una muy frágil. En fin, se trata de probabilidades de una entre un millón. Yo personalmente prefiero que mi hijo sea feliz y no sufra a que sea un alcohólico autodestructivo como Bukowski o un hombre traumatizado como Michael Jackson, por muy geniales que hayan sido (y a los que admiro profundamente).

El método autoritario

El método educativo autoritario funciona, claro que funciona, y es muy fácil, no requiere esfuerzo alguno. También funcionan las descargas eléctricas y los latigazos, pero ¿a qué precio? ¿Para qué sirve que un niño se aprenda la tabla de multiplicar si después presentará problemas de conducta por el odio que le ha generado que sus seres queridos lo hayan agredido físicamente? Y ya no digo lo que pueda ser ese niño en el futuro… **El respeto no se gana a tortazos, las normas no se enseñan a bofetadas, los lloros no se calman a collejas y el comportamiento violento de un niño no se frena con más violencia.**

Al ponerlo por escrito es posible que se haga más evidente la contradicción que implica darle un azote a un niño y decirle: «No se pega», pero lo cierto es que es un comportamiento en el que cae muchísima gente.

El cerebro del niño aprende las normas, las reglas y el funcionamiento del mundo en general, básicamente, por aprendizaje vicario, esto es, por imitación. Ahora volvamos a la escena anterior: un padre que le pega un azote a su hijo diciéndole: «No se pega» con tono, además, claramente de enfado.

En primer lugar, nunca debemos olvidar que **el tono y el volumen son percibidos claramente por su cerebro en todas sus variedades**: alegría, sinceridad, felicidad, y también cuando evidencian desagrado y agresión. Es algo que los adultos deben tener muy en cuenta cuando dialoguen con los niños, pero también cuando hablen entre ellos.

En segundo lugar, en su cerebro se evidenciará una gran incoherencia: las palabras sin el ejemplo no valen de nada, es más, confunden al niño, que **acabará imitando la acción y obviando la orden**. De esta manera seguirá pegando, y el padre también, en un bucle infinito que no tendrá fin y que irá fijando en su memoria ese comportamiento violento, sin explicación, en el que la fuerza se impone al cerebro, en el que las cosas son porque sí, porque lo dice el más fuerte.

El niño, además, **aprenderá que esa es la manera de conseguir lo que quiere, que esa es la manera en la que funciona la sociedad**. Y eso puede traer consecuencias desastrosas para él y para la colectividad en la que vivirá. Borrar después esos comportamientos, una vez pasada la barrera de la adolescencia, el periodo de maduración cerebral más importante y drástico, será muchísimo más difícil. Además de que probablemente ya no tenga voluntad de hacerlo.

Cómo educar sin pegar

Llegados a este punto, muchos pensaréis: «Sí, claro, pero depende del niño, porque el mío es un terremoto, es muy agresivo». No, lo siento, **no hay ninguna excusa para pegar a un niño ni para castigarlo con violencia**, además de no ser lo correcto. Existen otras maneras de conseguir que ese niño se comporte de manera adecuada, de corregir –eso lo veremos en el próximo capítulo– o de evitar que tenga esos comportamientos. Son maneras muchísimo más efectivas y que, además, irán creando un cerebro razonable, maduro, estable, comprensivo y con mayor capacidad de aprendizaje y juicio.

Lo que ocurre es que hay que educarlo bien desde el principio: el niño que a los dos años monta berrinches y pataletas todos los días para no bañarse lo hace porque no se ha corregido ese indicio de comportamiento cuando era más pequeño, lo hace porque no se le han dado las claves de obediencia ni los porqués de las normas cuando era más pequeño. Y eso se consigue con el estilo **educativo cognitivo-emocional**, que, además, es democrático, con lo que, por definición, todos podemos intuir sin problema que implica **negociación, acuerdos, concesiones, explicaciones, razonamientos, porqués y mucho mucho tiempo y paciencia.** Nunca dije que fuera fácil, solo afirmé que es el método óptimo.

Ventajas de hablar a los niños como adultos

A un niño, por muchas razones, hay que hablarle como a un adulto. Aunque sea un bebé de escasos meses de edad, debe hablársele como a un adulto por al menos dos motivos:

- Primer motivo: **porque aprenderá a hablar mejor, con mejor pronunciación y con más vocabulario.**[20]

  A la hora de mirar con un niño un libro de peces, es una tontería decirle: «Son peces». En cambio, si el libro los muestra, se le puede decir: «Mira, un pez globo, un pez martillo, un tiburón ballena, un pez espada…». **Los cerebros de los niños son máquinas de absorber información, la necesitan para su supervivencia.**

  Con la información verbal sucede lo mismo: **todas esas palabras quedarán retenidas en su cerebro**, da igual que ahora no las entienda, pero cuando llegue el momento tendrá esos datos almacenados. Además, si queremos explicarle la génesis de los agujeros negros a un niño de dos años, tendremos que esforzarnos mucho para explicarlo de manera sencilla, y esto también es un ejercicio intelectual excelente para los adultos.

  Hoy en día, tanto en libros –la mejor manera– como en Internet o en la televisión, existen multitud de pro-

20. Weizman, Z. O., y Snow, C. E. (2001). «Lexical input as related to children's vocabulary acquisition: effects of sophisticated exposure and support for meaning». *Developmental Psychology*, vol. 37, n.º 2, pp. 265-279.

gramas muy educativos y didácticos. Si el niño pregunta, no hay que dudar a la hora de explicárselo todo, y ante cualquier duda siempre podemos **documentarnos** un poco. Pero, ojo, hagámoslo **de la manera correcta**, porque si no, cuando llegue la explicación académica verdadera, su cerebro deberá deshacer la información que tenía y rehacer la nueva, con el trabajo que eso conlleva.

Además, hemos de tener en cuenta la **carga emocional**: el cerebro del niño a quien se le explican mal las cosas tendrá con el tiempo que catalogar como incorrecta una información que le dieron sus padres, lo cual **siempre conlleva una emoción implícita** –los padres son, no se debe olvidar, las figuras más importantes para aprender–.

El cerebro del niño está programado para clasificar siempre la información que reciba de sus padres como la más veraz y perfecta. Esto supone una responsabilidad enorme... Por todo ello, **siempre es mejor proporcionarle la información más correcta posible, lo que le facilitará el camino además de evitarle confrontaciones emocionales en el futuro**. Y lo repito de nuevo: no se trata de crear pequeños Einstein que vayan corrigiendo a los adultos y les digan: «El Sol no se pone, es la Tierra la que gira» –que lo harán–. El niño puede acabar siendo un jugador de fútbol o un apostador de póker, da igual, pero **se le debe hablar siempre como a un adulto y explicárselo todo**; eso le quedará para siempre, independientemente de que sea más o menos intelectual o le gusten o no las matemáticas. Además, al hablarles como adultos, estableceis una relación dialécta íntima y directa con vuestros hijos. Se sentirán incluídos en vuestro mundo, y eso para ellos es lo más importante de su vida. Se sentirán valorados, tenidos en cuenta, y no desplazados e ignorados, condenados al ostracismo, como si fuesen un estorbo. El formar parte del «mundo de los mayores» es para ellos lo más fascinante y reconfortante psicológicamente hablando.

- Segundo motivo: **porque la alternativa a no hablarle como a un adulto es, sencillamente, nefasta.**

Pondré un ejemplo: nunca, jamás, un adulto mantendría con otro una conversación de este tipo:

–Recoge esos papeles y tíralos a la papelera.

–¿Cómo, por qué?

–Porque lo digo yo.

Y, para cerrar la aberración, si no lo hiciera, el «adulto ordenante» le pegaría unos azotes al que no obedeció.

Sería una situación totalmente absurda, pero el caso es que si no actuamos así con nuestros amigos, nuestra pareja o nuestros familiares, ¿por qué lo hacemos con nuestros hijos?

La respuesta es abrumadora y vergonzosamente sencilla: porque los adultos podemos, porque tenemos superioridad física sobre los niños e, inconscientemente, les imponemos nuestra ley basándonos en esa superioridad y autoridad.

Pero ¿qué están aprendiendo con ello nuestros hijos? **Que las cosas no tienen sentido, que se hace lo que man-**

da el más fuerte –el líder, el rey, el grande, el padre, etcétera–. **No importa de qué se trate: si eres niño, no puedes hacer nada más que someterte.**

Lo que conllevará esa enseñanza es que algún día ese niño hará lo mismo, primero contra vosotros y luego contra su círculo de relaciones personales y profesionales.

¿Cuál es la alternativa a la orden, la imposición, la amenaza y la violencia?

Lo normal sería, en el diálogo que figura algo más arriba como ejemplo, preguntarle educadamente si puede coger los papeles del suelo y después, cuando pregunte por qué tiene que hacerlo él y no vosotros, darle alguna razón de peso. Así es como se debe actuar con los niños, aunque sean simples bebés.

Lo que se debe hacer es **explicarles el porqué de las cosas**, sean normas y actos o bien actitudes y comportamientos. Así, y solo así, el niño adquirirá **buenos hábitos de comportamiento**, y su mundo, el mundo que su cerebro irá creando a medida que crezca desde cero junto a vosotros, tendrá un orden y una coherencia.

Con este modo de comportarnos con él minimizaremos las posibilidades de llegar al punto en que a los dos años se niegue en rotundo a comer, o a bañarse, o a vestirse y nos monte un numerito y un berrinche desproporcionado, porque habréis hecho los deberes con anterioridad. Su cerebro ya habrá asumido que **los actos tienen un sentido:**

- Que es preciso lavarse para evitar enfermedades.
- Que hay que comer para crecer, para ser listo o para no enfermar.
- Que no se pueden comprar todos los juguetes de la tienda porque cuestan dinero y, además, tenemos muchos y hay que dejar algunos para el resto de los niños.
- Que hay que llevar la bufanda porque hace frío y podemos enfermar.
- Que tenemos que dejar el chupete porque nos estropeará los dientes.
- Que tenemos que ir de la mano por la calle porque nos puede lastimar un coche, etcétera.
- Que hay que cerrar el grifo porque si no se acaba el agua de los ríos y los peces no pueden nadar.

Es decir, **nada se hace «porque lo digo yo» y todo se hace por alguna razón coherente**.

Por supuesto, algún día montará el numerito del lloro y el pataleo. Quizás ese día esté cansado, molesto, incómodo... Quizás haya dormido poco o lo haya incordiado su hermanito pequeño –este tema es de lo más peliagudo–, o tal vez exista una razón inexplicable para nosotros, los adultos, pero que para su joven cerebro tiene todo el sentido. Nunca lo sabremos, pero esas ocasiones, si hemos aplicado desde cero el método cognitivo-emocional, es decir, **el método de razonamiento**, serán pocas, y cuando se den lo que debemos hacer es armarnos de paciencia y volver a empezar. En ocasiones tendremos que cogerlo y llevárnoslo a un lugar apartado, tranquilizarlo –abrazarlo unos segundos y acariciarlo suele funcionar–, y hablar... **Hablar con él como si fuese un adulto, preguntarle qué le pasa, que se explique**, porque es de vital importancia, como veremos más adelante, **enseñarle las emociones, que sepa qué es el enfado, qué es el amor, qué es el odio, qué es la timidez... Eso le dará seguridad, de manera que sabrá lo que le pasa y podrá expresarlo.** Pero si es muy pequeño, si no es capaz o no sabe hablar, debemos explicarle igualmente por qué tiene que bañarse, por qué tiene que comer o por qué tiene que ponerse el cinturón de seguridad en el coche.

A lo mejor, después de calmarlo y de haber invertido unos cuantos minutos en el proceso, puede echarse a llorar, y a lo mejor se rebela, y a lo mejor tendremos que castigarlo algún día –sobre los mejores métodos de castigo también hablaremos–, pero así, poco a poco, sin ninguna dificultad, el niño irá integrando el método, irá entendiendo cómo funciona, irá aprendiendo a razonar, a calmarse, a explicarse y a comprender que el lloro y el grito no son el camino.

En el futuro, el método cognitivo-emocional pasará a formar parte de sus esquemas de pensamiento de una manera sólida y eficiente, y todo será más fácil. Le habremos dado una herramienta de valor incalculable, porque servirá para algo importantísimo: **le dará sentido a su mundo**. ¿Y eso qué le proporcionará? Pues lo que llevo defendiendo como lo más importante que podemos ofrecerles a nuestros hijos: **seguridad**.

La importancia de la seguridad en el niño

Un niño se siente seguro si su mundo sigue unas reglas y un orden –de ahí la importancia de las rutinas en los bebés y los niños pequeños que ya nuestras abuelas conocían–. Una vez que ese sólido principio está asentado, poco a poco irá aprendiendo que hay excepciones a las normas, que siempre debe haber una **flexibilidad** y que hay seres humanos que cometen **actos irracionales.** Pero cuando ese momento llegue él ya tendrá los cimientos de su pequeña catedral de la seguridad fuertemente apuntalados y será capaz de soportar el mayor vendaval.

El gran problema histórico de la educación es que no se enseña a los niños a **razonar**, sino a obedecer por la fuerza. Ese es el gran error oculto que ha pasado de generación en generación y nadie se ha parado a resolver.

A los niños hay que enseñarles a razonar desde pequeños. Incluso desde antes de que empiecen a hablar, incluso antes de que empiecen a ser conscientes de sus pensamientos.

Igual que se enseña una segunda lengua, que ya en el útero materno el feto es capaz de percibir y distinguir,[21] el cerebro del bebé, del niño muy pequeño, ya **se encarga de ir registrando información, reglas y principios** que, posteriormente, puede recuperar de su memoria inconsciente

21. Mampe, B.; Friederici, A. D.; Christophe, A., y Wermke, K. (2009). «Newborns' cry melody is shaped by their native language». *Current Biology*, vol. 19, n.º 23, pp. 1.994-1.997.

para aplicarlos a la vida real. Y la mejor manera de aplicar este método es **con el ejemplo.**

Es **duro**, claro que sí, y **lleva mucho tiempo**, por supuesto, y **hay que armarse de paciencia infinita**, sin duda.

Acuerdos y ultimátums

Antes de que comencéis a pensar que es imposible y que llevaría mucho tiempo, responderé que sí, y que todo tiene un límite. En determinadas situaciones creeremos que es imposible aplicar el método cognitivo-emocional y que no nos queda más remedio que recurrir a los gritos o a un cachete, pero lo cierto es que no es necesario: cuando el niño alcanza esos límites que nos parecen intolerables tampoco debemos llegar a la violencia o a la agresividad. Se puede seguir aplicando el método de razonamiento.

En toda negociación siempre hay un punto que no se puede traspasar, una de las partes no puede ceder en todo, porque entonces dicha negociación se vuelve un chiste y se habrá perdido su propósito. Y los niños, ya lo sabemos, aprenden de maravilla hasta dónde pueden llegar, hasta dónde vamos a ceder. En dos días ya dominan las reglas de razonamiento, así que para evitar eso existen **los acuerdos y el ultimátum.**

Recurriré, una vez más, a un ejemplo:

Elvira es una niña que no quiere salir de la bañera porque está jugando. Ya le hemos explicado razonadamente que debe salir porque hay que cenar y luego dormir y, si no, se hace tarde y entonces mañana estará cansadita. Además, mucho tiempo en la bañera puede hacer que se enfríe y tenga tos y mocos y le duela la garganta. Ya lo ha asimilado, pero, aun así, le cuesta salir y siempre nos pide quedarse un poco más para acabar de jugar –ya ha aprendido a negociar– o simplemente llora –si aún no habla–. Bien, entonces llegamos a un acuerdo: juega cinco minutos más y luego salimos. Elvira está de acuerdo. Volvemos a los cinco minutos, pero no quiere salir, por lo que hay que explicarle que ese era el trato y que hay que cumplirlo, pero Elvira sigue llorando, gritando y negándose a salir, por lo que llega el momento del **ultimátum**.

Podemos escoger el que más nos guste, a mí personalmente me gusta el «ultimátum de las dos opciones» porque le da opción al niño de **elegir**, de ser **dueño de su destino** y tomar por sí mismo la decisión. Para bien o para mal, no será algo impuesto por los padres, será *su* decisión –siempre dentro de los límites impuestos por nosotros, claro; el mundo ya está inventado, no es el caos–. Volvamos a Elvira: tendríamos que plantearle que ya hemos llegado al límite, ya ha jugado mucho, ya hemos esperado cinco minutos –dos o tres veces–, ya ha agotado el tiempo, ahora hay que salir y hay dos opciones: o que salga ella solita, tranquilita y sin llorar, o que la saque mamá o papá, pero sabe que, si lo hacemos de esta segunda manera, va a terminar llorando... Le diremos que vamos a contar hasta diez para que se lo piense y que al llegar a diez ella tendrá que decidir.

Por supuesto, aquí pasará de todo: pueden seguir los lloros, puede pensar y escoger quedarse –con lo que habrá más lloros– o puede salir por su cuenta... y también llorar. Lo fundamental es que nosotros, sin llegar a la agresividad ni al enfado –ni al tono verbal de enfado–, de la manera más neutral posible, actuaremos en consecuencia a la opción que haya escogido. Es decir: si ha decidido quedarse en la bañera, al llegar a diez tendremos que explicarle que le habíamos dicho que la sacaríamos se pusiera como se pusiera, y sacarla. Por otra parte, para hacer las cosas de manera óptima, si ha escogido la «opción pacífica», **reforzaremos con cariño, aplausos, risas y frases acertadas su decisión**, y si ha escogido alguna de las opciones incorrectas –romper el trato o llorar–, **haremos omisión de esos sentimientos**. De esta manera, poco a poco, Elvira en particular y el niño pequeño en general irán comprendiendo que no vale la pena desobedecer, que **tiene más que perder que ganar si decide romper los tratos** u optar por las opciones de lloro.

A nadie le gusta enfadarse o montar en cólera, y a los niños tampoco. Lo que prefieren sin duda es jugar, reír y recibir cariño, sobre todo si es de sus padres.

En cuanto a este método de razonamiento y acuerdos, parece un proceso difícil, pero no lo es; resulta laborioso, pero no difícil. Lo que sí puede suceder es que nos costará al principio un poco, porque los adultos que somos –en nuestra mayoría– fuimos educados en el método autoritario. Aun así, en cuanto tengamos un poco de soltura, recurriremos al «método democrático» casi sin pensar. Y los niños lo aprenden de maravilla, como todo, porque **son máquinas de aprender**. Hasta ahora se les enseñaba la imposición de las normas por la fuerza, pero si les enseñamos el «método democrático», lo aprenderán igual y, además, les estaremos dando **una herramienta de poder infinito para su estabilidad en el futuro**.

«Método autoritario» vs. «método democrático»

- Según el método autoritario, el niño aprenderá que el fuerte es el que manda, que se obedece porque sí, porque lo digo yo, porque lo impongo por la fuerza, la violencia o la agresividad. Ellos enseguida miden las posibilidades y comprenden que la única forma de agresividad que puede competir con nosotros es el **llanto**, el **grito** y la **pataleta**, y eso será lo que hagan cuando quieran conseguir algo –o no hacer algo–. **Si imponemos actitudes, normas y conductas por la fuerza, ellos harán lo mismo**: primero llorando y gritando, luego enfrentándose a nosotros con el tono –y quizá con las manos– y después harán esto mismo con su círculo de amistades, con su pareja, con sus empleados y, si algún día tienen poder social, con sus ciudadanos.
- Según el método democrático, en cambio, si le enseñamos a razonar y a controlar sus emociones, una vez aprendidas estas normas –incluso de manera inconsciente–, su manera de razonar será la correcta, es decir, **sus decisiones y su comportamiento serán justos y coherentes** con él

mismo, con nosotros, con sus amigos, con su pareja, con sus compañeros de trabajo, con sus empleados, con sus ciudadanos y con todo en general –incluso con su ordenador o su coche cuando no funcionen: en vez de golpear irracionalmente el teclado o la pantalla intentará razonar y descubrir dónde está el problema–.

RESUMEN DEL CAPÍTULO

- Una bofetada, colleja o azote a tiempo no arregla nada. Es más, lo complica todo.
- Nunca debemos pegar a nuestros hijos. Los padres somos las personas que más aman en el mundo. Si la figura que más aman ejerce violencia sobre ellos, en su pequeño cerebro se puede provocar un enorme cortocircuito.
- El respeto no se gana por la fuerza, se gana con el ejemplo.
- Practicaremos con el ejemplo: podemos empezar recogiendo los juguetes con ellos.
- Nunca debemos pegar a un niño. Pero, por supuesto, nunca jamás debemos pegar a un niño mientras le decimos: «¡No se pega!». Es totalmente incoherente.
- Aplicaremos el método de razonamiento siempre que le enseñemos a hacer algo que no quiere: respetar unas normas, cambiar un comportamiento, aplicar un castigo, comprar o no comprar algo que desea, etcétera. Varios ejemplos de razonamientos que repetiremos con frecuencia: hay que lavarse las manos para no enfermar, hay que dejar el chupete porque te estropea los dientes, hay que recoger los juguetes porque podemos tropezar, hay que ir a la cama porque, si no, mañana

estarás cansado, hay que vestirse porque, si no, enfermas con el frío, hay que comer para crecer sanos...

- Jamás responderemos: «porque sí» o «porque lo digo yo». Todo tiene una razón real.
- Los niños, sobre todo cuando son pequeños, no saben que han hecho algo malo, esas son normas del mundo adulto. Si encima ejercemos la violencia sobre ellos, además de desconcertados, estarán aterrorizados y les generaremos una memoria terrorífica que condicionará muchos aspectos de sus vidas. Debemos, en cambio, explicarle al niño que lo que ha hecho no es correcto –si no lo es, porque jugar no es incorrecto, es solo una actividad más del universo del niño; es importante distinguir esto–, por qué es incorrecto y las razones por las que no debe hacerlo. Para el niño, que ejerzamos la violencia sobre él porque está jugando en vez de sentarse a comer es un acto ilógico, una violencia gratuita y sin razón porque, en realidad, ese niño no comprende –ni tiene por qué comprender– las normas del mundo adulto.
- Ejercicio de memoria y comprensión: ¿recordamos algún momento de violencia que nuestros padres hayan ejercido sobre nosotros? ¿Cómo es ese recuerdo? ¿Es agradable? Pensemos entonces si queremos que nuestros hijos tengan esos mismos recuerdos de nosotros.
- Siempre hay una alternativa mejor a la violencia.
- Hablemos a nuestros hijos como a adultos, querámoslos como a niños.
- La letra, con cariño, juego y diversión, entra (y la comida también).
- Si nuestro hijo no quiere hacer algo que haya que hacer y se emberrincha, probemos a respirar hondo, bajar el tono de voz, sonreír con toda la sinceridad que podamos –para esto

es muy útil recordar algo gracioso o un momento feliz–, abrazarlo, hacer alguna broma para cambiar su estado de ánimo, y explicarle, explicarle y explicarle.

- Todo tiene un límite: usemos las tres oportunidades y el ultimátum con sus dos opciones. Que el niño aprenda que eso forma parte de las normas del método democrático –de hecho, es una negociación en toda regla–.
- A razonar se aprende igual que se aprende a hablar.
- De cómo eduquemos a nuestros hijos dependerá el cómo se relacionen con sus iguales y con el mundo en general. Si les enseñamos que las normas se imponen por la fuerza, entonces eso mismo harán ellos. Si les enseñamos que las reglas y las conductas tienen un porqué, un sentido y una explicación, eso buscarán.
- Hagamos deporte y practiquemos *mindfulness*. Nos sumará años y calidad de vida a nosotros y a nuestros hijos.

Y recordemos: no lo digo yo, **lo dice la CIENCIA**.

5. El mejor castigo es el premio

Pequeña nota sobre cómo leer este libro

La verdad es que es difícil estructurar un libro que sea una guía para padres. Ahora mismo me gustaría incluir un capítulo sobre la expresión de los sentimientos, porque es una parte importante para que el niño se calme y entienda y controle sus berrinches. Sin embargo, también es muy importante, y tiene mucho que ver con el anterior capítulo, el apartado de los castigos. Al final he decidido meter este capítulo simplemente porque lo he nombrado más veces en el anterior, pero he llegado a la conclusión de que este libro/manual solo tiene sentido entendiéndolo como un todo, no vale con ir capítulo por capítulo. Hay que integrarlo por completo, que quede claro y entendido perfectamente, y después sí podremos acudir a él por partes cuando tengamos alguna duda o queramos recordar algún punto determinado. En fin, procedamos con el capítulo.

Reconocimientos vs. castigos

Como he dicho con anterioridad, lo peor que se le puede hacer a un niño para que aprenda que algo que ha hecho es incorrecto **es pegarle**. Lo segundo peor es **castigarlo**.

O, por lo menos, castigarlo de la manera en la que lo hemos venido haciendo toda la vida.

Si queremos *castigar* a un niño para que deje de realizar determinada conducta, lo mejor que podemos hacer es premiar la conducta contraria. Diversos estudios han demostrado que lo que más consigue modificar la conducta, el comportamiento y la actitud de un bebé o niño es el premio, y si queremos hilar más fino y convertirnos en unos auténticos profesionales de la educación comportamental, premiaremos el esfuerzo y la perseverancia en conseguirlo.[22]

Es decir, si un niño hace algo bien o deja de hacer algo mal, lo correcto es premiarlo o elogiarlo y lo correctísimo es **reforzar la perseverancia que le ha permitido ejecutar o realizar el acto correcto.** Por ejemplo, si el niño presta uno de sus juguetes a otro niño, podemos decirle: «Muy bien, Roberto», pero mejor incluso sería decirle: «Muy bien, Roberto, ¿ves como si lo intentas puedes compartir?». De esa manera, en el cerebro del niño quedará grabado que ese acto es bueno, que es bueno esforzarse en ser buena persona, que

22. Dweck, C. S., y Bempechat, J. (1983). «Children's theories of intelligence: Implications for learning». En: S. Paris, G. Olson y H. Stevenson (eds.). *Learning and motivation in children*. Hillsdale (Nueva Jersey): Erlbaum.

ser buena persona hace a todo el mundo feliz: tanto a los papás como a los amigos y al resto de la humanidad.

Pero lo más importante es que a ese niño le quede claro, además, que el ser bueno no depende de factores «mágicos», sino que es algo controlable por él mismo, lo que:

- **Le hará tomar conciencia de su autonomía.**
- **Potenciará sus capacidades.**
- **Le hará menos dependiente y sensible a la evaluación de sus semejantes.**

En definitiva, el **elogio del desempeño** hará que el niño desarrolle una **motivación por el aprendizaje**, por el acto en sí, y no una motivación por la medalla, lo que lo hará menos vulnerable a los errores cometidos, ya que estos serán una oportunidad para aprender y no una agresión a su «identidad»; es decir, su autoestima será mucho más sólida y su motivación y capacidad de aprendizaje y resiliencia serán mucho mayores.[23]

Volviendo al ejemplo anterior, el ser bueno pasará a ser entonces algo que hay que esforzarse en conseguir y cultivar y que ahora se encuentra reforzado y, por lo tanto, ese comportamiento se «pondrá en funcionamiento» más veces que otro que no sea reforzado.

23. Henderlong, J., y Lepper, M. R. (2002). «The effects of praise on children's intrinsic motivation: a review and synthesis». *Psychological Bulletin*, vol. 128, n.º 5, pp. 774-795.

Técnicamente, esta manera de actuar se denomina **refuerzo positivo.** Como anécdota, es preciso señalar que para los adultos también funciona perfectamente: lo que nos provoca placer se nos queda grabado en el cerebro, para bien o para mal. Y si nuestros actos hacen a otros felices, también eso queda escrito en nuestra cabeza. Si es la realización de una conducta lo que nos lleva a algo que nos resulta gratificante, igualmente quedará memorizada de manera consistente.

Para los niños no hay más placer que verse premiados por sus padres. Ojo, **no confundamos el premio con un regalo material**; un premio puede ser un abrazo, un elogio, una sonrisa o un beso. Y también una hora más de juego o viendo la televisión, o paseando con sus padres o yendo con ellos de viaje, etcétera. **Cualquier cosa que signifique algo para el niño sirve para premiarlo.**

Llegará un momento, por supuesto, en el que el niño **negocie** sus premios. No está mal, es correcto. Indicará que ha entendido el proceso de los tratos. Eso sí, no debemos permitir que esta conducta se desmande y que se comporte únicamente por el premio, sobre todo si ese premio es material. A ver si vamos a tener que llegar a premiar que no haya premios... Me explico, no se puede llegar al punto en el que el niño dice: «No como si no me compras X». Ante esto, tendremos que hacer caso omiso del trato y explicarle que ese no es un trato justo, pues el acto de comer **no es negociable, ya que, por ejemplo, compromete su salud.**

Debemos tener mucho cuidado con estas sutiles diferencias: cuando el bebé se queda sentado solito un par de segundos, podemos aplaudir, sonreír, abrazarlo... Todo eso reforzará su conducta. Cuando empieza a gatear o a caminar haremos lo mismo: aplaudiremos, sonreiremos, jugaremos con él... Esto hará que aprendan más rápido, y lo mismo debería suceder cuando comience a comer solito, cuando duerma sin chupete, cuando se acabe todo el biberón, cuando se aprenda las letras, cuando diga los números, cuando haga un dibujo, cuando se quite solo las zapatillas, cuando recoja los juguetes... Todas esas conductas hay que reforzarlas con el premio y el elogio.

Pero **es necesario tener mucho cuidado en no caer en lo insulso**, es decir, no podemos caer en la trampa de premiar el hecho de que el niño se monte en el coche sin llorar ni patalear. Hay cosas que debe hacer porque son correctas, no necesitan recibir por ellas un aplauso. Al menos no cuando ya ha pasado un tiempo desde que las han aprendido.

De todos modos, si desde el principio, desde que es un bebé recién nacido, se ha ido aplicando todo lo dicho hasta ahora con relación al cariño, la seguridad, el razonamiento y el premio, es muy poco probable que lleguemos a extremos de este tipo, pues para ese entonces el niño será un ser razonable y coherente que entenderá que esas **conductas chantajistas** no son correctas.

Aun así, **si se llega a ese punto, si la situación se vuelve insostenible, si después de hablar, negociar, abrazar, explicar, razonar, ofrecer opciones, etcétera, no se ha podido llegar a ninguna solución**, podemos aplicar el segundo método que más cambio de conducta provoca: el **«tiempo fuera»**.

El «tiempo fuera»

El «tiempo fuera» es una variante del clásico e incorrecto: «Vete a tu cuarto sin merienda».

Pero con matices: el que se vaya a su cuarto sin merendar funcionará siempre y cuando al niño le encante merendar, porque algo que nunca he entendido de este tipo de castigo es: ¿qué pasa si al niño no le gusta comer? En ese caso irse para su cuarto sin comerse la merienda sería un premio... Es decir: el niño, que aprende muy rápido, acabaría llegando a portarse mal a propósito para que lo «castiguen» yéndose a su habitación sin comer. Al final, lo que los padres interpretarían como un castigo acabaría por ser un premio al portarse mal y **acabaría por reforzar la conducta de mal comportamiento**, con lo que la fijaría en su memoria. Conclusión: **lo estaríamos haciendo todo mal.**

Otro ejemplo similar: lo mismo ocurriría al castigar con irse a su cuarto a un niño que tiene una gran vida interior y al que le encanta, precisamente, estar solo en su cuarto. El castigo sería entonces un premio y **el niño acabaría por aprender que portándose mal consigue algo que le gusta** –estar solo en su cuarto–, con lo que esa conducta incorrecta pasaría a formar parte de su repertorio de conductas más importantes. También habría que tener en cuenta, por supuesto, a la hora de recurrir a este «vete a tu cuarto», si sus juguetes preferidos están en su cuarto, o su ordenador, o su consola...

Por eso, **lo más importante para actuar correctamente siendo padres es conocer muy bien a nuestros hijos.** Sobre todo a la hora de aplicar este tipo de *castigo por omisión*. En estos ejemplos concretos que acabo de citar, sin ir más lejos, el «tiempo fuera» sería una buena opción si al niño le encantase la merienda, ya que, como se acaba de ver, el principio básico del «tiempo fuera» es **dejar al niño sin hacer algo que le gusta mucho**.

Al igual que autores reconocidos como Thomas Gordon, Alfie Kohn o Aletha Solter, no soy muy partidario de este tipo de métodos y siempre recomiendo encarecidamente no llegar hasta el punto de tener que utilizarlos, porque ciertos estudios demuestran que no son ni muy efectivos ni muy beneficiosos, sobre todo si son muy prolongados o se aplican a niños menores de tres años.[24] Pero, por otra parte, también soy consciente –porque vivo en la realidad, no en el País de Nunca Jamás– de que existen situaciones límite.

Con todo, si llega el caso de tener que aplicar este «castigo», lo que no es recomendable es **alejar al niño del hábitat común**, es decir, no debemos mandarlo a un espacio en soledad, ya que eso afecta negativamente a su estabilidad psicológica y a su relación con las figuras de apego –recordemos que los seres humanos, y los niños lo son, somos animales sociales–.

En mi opinión, para aplicar este castigo lo recomendable es **mantener la normalidad, que se pueda mover por los mismos espacios, como si no hubiera pasado nada, pero sin permitirle hacer aquello que le gusta.**

24. Kohn, A. (2012). *Crianza incondicional: de los premios y castigos al amor y la razón*. Castelldefels: Crianza Natural.

Y, por supuesto, lo que se debe hacer siempre es **explicarle por qué se aplica este procedimiento, cómo evitarlo** y **recompensarlo cuando recapacite, se dé cuenta de su error y lo enmiende.** Esto restablecerá la buena conexión con sus padres.

De este modo, a la larga, estaremos aplicando una variante del método cognitivo-emocional: hacemos «tiempo fuera», pero siempre siendo conscientes de que hacerlo no tiene ningún sentido si no explicamos al niño por qué lo hacemos y cómo debe comportarse para no volver a sufrirlo.

Pequeño caso práctico

Y ahora vayamos con un ejemplo: Manuela es una niña a la que le encanta jugar a «contar historias»: ella agarra muñecos, coches, casas, figuras, peluches, etcétera, nos los ofrece y, con todos esos elementos, le contamos una historia tipo cuento-teatro del género que sea, tanto fábula como ciencia ficción, surrealismo, fantasía, novela de amor, cuento de aventuras... A Manuela le gusta jugar a esto por la tarde-noche, después del baño y de ponerse el pijama y justo antes de cenar o mientras cena. Por otra parte, estamos en invierno y hace frío, por lo que es recomendable llevar un gorro de lana al salir de casa. Recientemente Manuela ha adquirido más conciencia sobre sí misma como objeto físico al que observan los demás y no le gusta llamar demasiado la atención porque le da vergüenza. Conclusión: no quiere ponerse el gorro.

Sus padres ya han pasado por la fase de explicarle de manera razonable por qué es importante llevar un gorro en invierno, e incluso le han explicado de manera razonable por qué tiene que ser indiferente a lo que el resto de las personas piensen de su apariencia física ni de lo que lleve puesto –sí, podemos y debemos hablarles a nuestros hijos pequeños de estos conceptos sociales tan avanzados; recordemos, hablémosles como si fueran adultos, su cerebro ya se irá manejando de maravilla con toda esa información–. Aun después de haber hecho todo eso, si Manuela se enfada, llora, grita y patalea cada vez que hay que ponerle el gorro, es decir, si es imposible dar con una solución a corto plazo –porque a largo plazo el hecho de haberle explicado la importancia de abrigarse en invierno y la poca importancia que tiene el ser juzgado por los demás por una prenda de ropa, ya hará que integre esos conceptos y se lo acabe poniendo en el futuro sin problemas– y tenemos que salir sí o sí y hace mucho frío, como solución más o menos desesperada habrá llegado el momento de optar por el castigo por omisión para Manuela.

¿Y cuál será la mejor elección? Teniendo en cuenta lo mucho que le gusta jugar a «contar historias» por la tarde-noche, parece evidente que se podría recurrir al ultimátum de decirle: «Manuela, tienes que ponerte el gorro, sino no voy a poder jugar contigo a "contar historias"». Así de sencillo. El castigo no debe ser físico ni verbal ni consistir en hacer algo que no le guste; **el castigo debe ser de «no permitirle hacer algo que le gusta»**.

Ante la posibilidad de verse privada de jugar a su juego favorito, Manuela entenderá que no merece la pena negarse a ponerse el gorro si eso implica perderse la diversión, por lo que habrá muchas posibilidades de que acceda a ponerse el gorro para salir a la calle.

En este ejemplo he puesto una actividad con el niño, pero igualmente el «castigo» puede ser: «No vas a jugar con la tableta», «No te dejo ver la tele», «No podrás bajar a jugar con los amigos», «No te doy permiso para ir a casa de Laura», «No te cuento un cuento antes de dormir», «No te doy el yogur», «No te dejo jugar en la bañera», etcétera. Cualquier cosa que se nos ocurra que les guste mucho será válida para aplicar el «castigo».

Ventajas del «tiempo fuera» frente a la imposición

Varios estudios han puesto de manifiesto que el «tiempo fuera» es mucho más eficiente en la modificación de la conducta y en la fijación de los comportamientos correctos que el obligar a los niños a obedecer «porque sí» y, por supuesto, que el forzarles a hacer algo –o que dejen de hacerlo– por la fuerza o mediante la intimidación física.[25]

Las razones psicológicas de por qué es inadecuado recurrir a la fuerza tienen que ver con el hecho de que su cerebro entiende perfectamente, incluso aunque sean muy peque-

25. Morawska, A., y Sanders, M. (2011). «Parental Use of Time Out Revisited: A Useful or Harmful Parenting Strategy?». *Journal of Child and Family Studies*, vol. 20, n.º 1, pp. 1-8.

ños, la **relación costes-beneficios:** si el no querer vestirse u oponerse a hacerlo mediante lloros o gritos va a implicar que se quede sin jugar con sus padres o sin ver su serie de dibujos favorita, al niño no le salen las cuentas. Así de simple.

Por supuesto, ese cálculo se trata de una tarea inconsciente de su cerebro, pero aun así la realizan, del mismo modo que son capaces de detectar casos de injusticia social.

Se trata, en realidad, de una capacidad muy extendida en el reino animal, como corroboran los experimentos con primates que han demostrado que estos también son capaces de detectar la injusticia y determinar qué conducta les compensa más.[26]

El «tiempo fuera» es sencillo y efectivo, pero como hasta tiempos recientes siempre se ha pensado que los niños no razonaban, nunca se aplicó correctamente.

Sin embargo, bien aplicado –es decir, explicándole al niño por qué lo hacemos y cómo evitar que vuelva a ocurrir y pidiéndole que piense y recapacite sobre cómo se ha llegado a esa situación, etcétera–, el «tiempo fuera» consigue cambios comportamentales y fijación de conductas correctas espectaculares. Y **si lo combinamos con el elogio una vez hecha la conducta adecuada, tendremos doble refuerzo.**

De hecho, analizándolo con detenimiento, el «tiempo fuera» es una especie de premio encubierto: una actividad

26. Brosnan, S. F. (2013). «Justice- and fairness-related behaviors in nonhuman primates». *Proceedings of the National Academy os Sciences*, vol. 110, supl. 2, pp. 10.416-10.423.

que ya era una rutina (como, por ejemplo, jugar con los coches) la convertimos en premio cuando la prohibimos. Así, el jugar, ver la televisión, pasear, montar en bici, etcétera, pasa a ser un premio a la conducta correcta y queda entonces memorizado.

Se trata de un miniengaño que le hacemos al cerebro de los niños, pero lo cierto es que, como ya he dicho, por muy inteligentes y maduros que nos creamos, también funciona con adultos. En realidad, se trata de **mecanismos psicológicos de manipulación mental que actúan sobre rutas cerebrales de aprendizaje y recompensa que son básicas y pertenecen a nuestro cerebro más primitivo.**

El cerebro humano, al igual que el del resto de los animales, está programado para sobrevivir, de tal manera que aquellas conductas que nos proporcionan alimento, bienestar, protección, seguridad, etcétera, serán guardadas en nuestra memoria.

Por otra parte, **aquello que nos gusta hacer** –bien sea montar en bicicleta, jugar a la pelota, a los coches, etcétera– **nos hace felices**, y **para nuestro cerebro un organismo feliz es un organismo que está en un entorno estable, seguro, por lo que tiene más esperanza de vida.** Por esto las conductas que nos reporten felicidad serán aprendidas para siempre, porque **nuestro cerebro las interpretará como conductas-que-nos-mantendrán-con-vida.**

Se trata de un efecto tan importante que, por ejemplo, realizar actividades que les gusten, que les hagan felices, es una de las primeras líneas de actuación para las personas con depresión, ya que así, inconscientemente, su cerebro interpretará que el mundo es un lugar mejor y, en consecuencia, comenzará a salir de la depresión.

Por el contrario, **si nos obligan a hacer algo por la fuerza, comprometen nuestra individualidad**, nuestro sentido innato de la libertad que nos lleva a explorar nuestro medio y a conocerlo, algo que, como ya hemos dicho antes, es una conducta que nos aporta seguridad, porque al conocer nuestro entorno aumentan las probabilidades de supervivencia.

Así pues, **si nos obligan a hacer algo** –aunque sea por nuestro bien–, **de manera automática nuestro cerebro se pone a la defensiva**, con lo que se bloquea la entrada de información y, además, **saltan todos los mecanismos emocionales de la ira y el enfado, que multiplican la fuerza de ese bloqueo**. En este estado, **el cerebro no aprende nada, porque está en mecanismo de defensa-lucha-huida**. Como mucho, lo que aprende se codifica en las estructuras cerebrales del miedo, no de las actividades intelectuales.

Es decir: con la obligación, el niño aprende mal la nueva conducta y, aún peor, la aprende como algo a lo que tenerle miedo. Y, por si fuera poco, aprende, además, que el ser que se la impone a través del miedo es alguien a quien ama, con lo que, como hemos visto ya, esa confrontación de sentimientos resulta terrible para su pueril cerebro. Todo esto forma un cóctel explosivo que compromete totalmente su estabilidad emocional futura.

La decisión es suya

Martín tiene tres años y ha sido educado desde que salió del útero materno de manera racional, aplicando los métodos que he relatado hasta ahora y que, para simplificar, englobaremos dentro del continente llamado «método cognitivo-emocional». Después de mucha paciencia, muchos momentos de tensión y desesperación y mucho tiempo invertido en la aplicación de este método, la explicación del porqué de las normas de comportamiento y de las conductas, el elogio y el premio y el castigo por omisión, llega un momento en que Martín está jugando en el parque con otros niños y está en modo «multiaventura del caos», es decir, pasándoselo genial.

Pero es invierno y son las siete, con lo que hay que irse a casa para evitar el frío y comenzar la rutina de baño-cena-sueño (o cualquiera de sus variantes). Por supuesto, Martín, por su misma definición de niño, no quiere dejar de jugar ni loco. Ya sabemos que va a montar un berrinche con gritos, lloros, quizá tirarse al suelo, etcétera, y esto es así porque los niños son niños y esa es su manera de mostrar su enfado.

Llegados a este punto, tendremos dos opciones: podemos obligarlo por la fuerza, con el considerable aumento de los decibelios de los gritos y más irritación y enfado tanto para el niño como para los padres, y quizás incluso el padre llegue a perder la paciencia y le pegue o lo zarandee con violencia o se lo quiera llevar a rastras. En fin, un desastre para el niño y su proceso de aprendizaje y, no nos olvidemos, para su estabilidad emocional, tanto la actual como la futura.

Pero también podremos utilizar el método racional:

–Martín, tenemos que irnos a casa –dice la madre.

–No, yo quiero seguir jugando –responde obviamente este.

–Martín, tenemos que irnos. Venga, vamos.

–No, yo no quiero.

(En este punto del diálogo podemos repetir este bucle diez o veinte veces.)

Pero llega un momento en que Martín cambia de estrategia porque es muy típico del comportamiento de los niños poner excusas o dar otras opciones solo para impedir hacer algo que no quieren hacer:

–Yo lo que quiero es ir al parque de la plaza azul.

Y entonces la madre se acerca a Martín, se agacha para hablar con él cara a cara, a su altura –esto es importantísimo, como se ha dicho, porque así los adultos pasan a igualarse a los niños dejando de ser individuos enormes que los amedrentan con su altura–, y con un tono suave y neutral le dice:

–Martín, mira el cielo: ¿es de día o ya es de noche?

Martín mira hacia arriba, luego baja la vista y, finalmente, mira a los ojos de su madre:

–Es de noche.

–Y si es de noche, ¿qué pasa?

–Que es tarde.

–Y entonces, ¿adónde tenemos que ir?

El niño guarda silencio un instante y responde:

–Tenemos que irnos a casa.

Y así, de una manera fácil y sencilla, sin lloros, sin gritos y sin violencia, sin alterarnos emocionalmente ni nosotros ni el niño, Martín, su madre y su padre emprenden el camino a su casa. E incluso puede que el niño vaya feliz **porque la decisión ha sido suya.**

Ya en casa, toda la rutina de «obligaciones» –todo lo que no es juego– fue como la seda. ¿Por qué?, porque el niño –y sus padres– no habían llegado a enfadarse, ni habían discutido ni llorado. **El estrés no había hecho acto de presencia**, por lo que todo fue mucho más sencillo. Y todos felices.

Martín y sus padres se ahorraron gritos, lloros, enfados, estrés y un montón de emociones negativas que habrían podido amargarles la noche tanto al niño como a los adultos. Todos esos gritos y lágrimas, de haberse producido, habrían sido olvidados rápidamente por los padres de Martín, pero lo peor es que al niño se le quedaría grabada esa riña, y soñaría con ella, y se le crearía una memoria que, aunque pequeña, acabaría influyendo en la relación con sus seres queridos, en su personalidad, en su capacidad de aprendizaje, en su carácter...

La decisión, al ser lógica, es totalmente aceptada por el niño, y si además llega a esa conclusión por sí mismo, es mucho mejor, porque ya no es una decisión impuesta, sino que es una conclusión a la que ha llegado él mismo, con lo que todas las barreras defensivas de su cerebro no se levantan ni un centímetro.

El poder de las propias decisiones

Como los adultos que somos –el cerebro del niño, en determinados aspectos, funciona igual que el nuestro–, si un igual nos impone algo, podemos mostrar rechazo o aceptarlo a regañadientes. Sin embargo, si esa misma acción decidimos hacerla nosotros, no nos opondremos en absoluto. Este es el principio básico del engaño y la manipulación de la publicidad: el hacernos pensar que la decisión de comprar la hacemos nosotros desde nuestra absoluta libertad... Pues lo mismo sucede con el cerebro del niño:

> Si se ha aplicado mil veces el método de razonamiento, y si las obligaciones y las normas de comportamiento muestran un patrón coherente, lógico y razonable, el niño las entenderá y las acatará sin problema, hasta el punto de que llegará un momento en el que las acometa él solo por sí mismo.

Si siempre cruzamos el semáforo de peatones en verde y le explicamos por qué ha de hacerse así, llegará un momento en el que él lo hará por su cuenta, porque su cerebro funcionará de esa manera. Igual que en el ejemplo anterior el irse a casa porque era de noche, es decir, tarde, era una conclusión lógica. Es más, el que Martín hubiera tomado la decisión correcta por sí mismo, incluso antes de recibir el elogio por parte de sus padres, ya proporcionó en su cerebro una **descarga de felicidad** por haberlo hecho bien de manera independiente. Si además sus padres elogiaron esa actitud, esta habrá quedado doblemente reforzada. Es decir, doblemente memorizada.

Por supuesto, el caso relatado anteriormente no se va a dar en el cien por cien de las ocasiones. En el fondo, somos seres humanos y nuestro comportamiento depende de muchísimas variables. La genética y la educación son importantes, pero si ese día el niño ha dormido mal, o le duele una herida, o le han cortado el pelo y está enfadado, o le han puesto una vacuna o sus padres han tenido un mal día en el trabajo y él –por supuesto– lo percibe en su lenguaje corporal, tono de voz, etcétera, el proceso va a ser más difícil y puede que no funcione a la perfección. Pero lo que es importante es **aplicarlo siempre**; aunque no siempre fluya de manera suave, nunca hay que dejar de intentarlo. El 80 % de las veces funcionará perfectamente y en el 20 % restante las alteraciones emocionales del niño –y de los adultos que conviven con él y lo educan– serán muchísimo menores, por lo que el rencor hacia ellos, el rechazo y la conducta defensiva ante las normas también serán menores.

En resumen: **si hacemos las cosas de manera razonable desde que el niño es recién nacido, todo será más fácil en el futuro.**

Aprender a razonar es igual que aprender un segundo idioma: aunque el recién nacido o el bebé no hablen ni entiendan el lenguaje, nosotros como adultos nos comunicamos igual con ellos porque sabemos que su cerebro ya está asimilando sonidos, fonemas, tonos, timbres, etcétera. Pues con el razonamiento sucede lo mismo: ya desde el inicio comienza el procesamiento; luego, cuando ese bebé crezca y sea capaz de utilizar todo el potencial cerebral, los caminos ya estarán trazados.

RESUMEN DEL CAPÍTULO

- Para fijar en el niño una conducta determinada lo más efectivo es el premio. Y dentro de estos lo mejor es elogiar el esfuerzo que permite esa conducta.
- Para eliminar una conducta determinada en un niño lo más efectivo es premiar la conducta contraria.

  Ejemplo: si no queremos que un niño juegue a la pelota dentro de casa, premiaremos que juegue con ella *fuera* de casa. Por supuesto, tendremos que evitar que juegue dentro de casa, pero no castigándolo de la manera clásica, sino premiando actividades alternativas o, en último caso, castigando por omisión (privándolo de hacer otra actividad que le guste mucho).
- Si queremos cambiar una conducta determinada, la segunda mejor opción es el método «tiempo fuera», aunque siempre que se lleve a la práctica ha de explicársele al niño por qué se aplica y cómo evitar que vuelva a ocurrir, así como también se le recompensará el hecho de que recapacite y se corrija (pero debemos agotar todos los recursos posibles antes de recurrir a este método. Si es posible evitarlo, mucho mejor).
- Al niño hay que explicarle todas las normas: por qué hay que seguir determinadas reglas y por qué no se pueden tener otras conductas.
- El refuerzo, el «tiempo fuera» y el método cognitivo-emocional conforman la tríada racional-emotiva que permitirá la correcta educación del niño de una manera suave y fluida, con

una asimilación de los conceptos y las normas sociales, de seguridad, de salud y de convivencia de manera autónoma y natural, además de proporcionarle seguridad y estabilidad emocional.

- Se intentará evitar en la medida de lo posible la confrontación, la imposición, la agresividad y la activación de emociones negativas, tanto en el adulto como en el niño, durante su educación. Estas conductas negativas impedirán el aprendizaje y crearán rechazo y barreras defensivas hacia lo que se pretende enseñar al niño y, en último término, hacia la persona que las lleva a cabo (generalmente sus padres).
- El estilo autoritario e impositivo provoca un aprendizaje más lento y menos efectivo –cuando no totalmente ineficaz debido a lo expuesto en el apartado anterior–, además de que interiorizan la idea de que el mundo no tiene lógica ni coherencia y de que las normas las dictan los que tienen poder y fuerza y son incuestionables. También crea emociones negativas hacia la persona que dicta esas normas por la fuerza (con el consecuente conflicto amor-odio hacia esa persona en el joven cerebro del niño, lo que le creará desequilibrio emocional, ansiedad y desapego).
- Al niño hay que ayudarlo a descubrir el mundo, no dárselo masticado y metérselo por la fuerza por la garganta.
- Los padres son el espejo en el que van a mirarse sus hijos para aprender las normas. Hay que enseñarles con el ejemplo (la sociedad no ayuda, cierto, porque mucha gente obra mal y encima la justicia no siempre castiga a los malhechores, pero aun así los padres tienen la responsabilidad de hacerlo correctamente).

Ejemplo: mucha gente está esperando en el paso de cebra y el 90 % cruzará en rojo cuando no vengan coches. Es un ejemplo horrible para el niño, pero, por favor, que al menos el padre que acompaña a ese niño espere a que se ponga verde. De hecho, si ese padre ha seguido todo lo dicho en este libro, es de esperar que su hijo le acabe preguntando por qué esa gente cruza en rojo o incluso que los acabe corrigiendo.

- La agresividad no arregla nada, es más, lo complica todo.
- Cómo tiene que actuar un padre o madre cuando sienta que está al límite de su aguante y note la ira hervir en su cerebro –y estará así muchísimas veces–: deberá mirar para otro lado, cambiarse de habitación si es necesario, respirar profundamente –un minuto de *mindfulness* sería genial–, resetear el cerebro y, al fin, volver a la batalla. Solo que ahora lo hará calmado y con una sonrisa en la cara. Es entonces cuando debe afrontar el problema razonando con su hijo, abrazándolo, dándole cariño –que es lo único que busca–, hablando con él y premiándolo cuando se calme. Finalmente, padre e hijo empezarán a negociar de nuevo.
- Lo que más quieren los niños es el cariño, el amor y la atención de sus padres. Nunca debemos olvidarlo. Es la herramienta más efectiva. Nada hay en la vida de un padre más importante que sus hijos, hagámosles caso.
- Practiquemos el *mindfulness* y hagamos deporte. Nuestro cerebro y los de nuestros hijos nos lo agradecerán.

Y recordemos una vez más: no lo digo yo, **lo dice la CIENCIA.**

6.
¿Los hombres no lloran?

Sobre el orden de los capítulos

Como expliqué varias páginas atrás, este capítulo y el anterior están ordenados tal como figuran, pero podrían haber aparecido al revés, o incluso estar fusionados, porque ambos son los temas capitales del libro, se complementan y pueden aplicarse en el mismo periodo cronológico del desarrollo del niño.

Por otra parte, he titulado este sexto capítulo, como se puede comprobar, con otra de mis frases de sabelotodo favoritas, otra estupidez enorme que ha pasado de generación en generación y que ha traído multitud de problemas a todos los niveles. Se trata de una afirmación especialmente dañina porque es un ejemplo paradigmático y totalmente explícito de cómo la educación que se les da a los niños puede influir en ellos, en quienes los rodean y en la sociedad en general.

Esta sentencia, la de que los niños no lloran, engloba multitud de errores educacionales que provocan a su vez otra multitud de problemas en las personas a quienes se ha aplicado, problemas que, además, se interconectan, multiplicándose hasta el infinito y desdoblándose en diferentes planos que van del personal al profesional, pasando por el de vida en pareja y, por supuesto, el social, y que pueden derivar en trastornos psicológicos y psiquiátricos, taras emocionales, infelicidad, insatisfacción vital, falta de desempeño profesional y personal, conductas adictivas y también comportamiento violento. Este último es, además, uno de los mayores y más graves lastres que aún hoy en día asolan nuestra sociedad: la violencia machista.

Qué tremenda repercusión por una simple y aparentemente inofensiva frase. Qué sutil es todo. Por suerte, es fácil solucionar sus males, solo hay que detectar el problema y poner empeño en resolverlo. A continuación veremos cómo.

¿Por qué los niños no pueden llorar?

En esta desgraciada frase, la de que «los niños no lloran», se encuentran al menos cinco errores fácilmente identificables y de gran repercusión:

1. Prohíbe la expresión de las emociones y los sentimientos.
2. Hace los sentimientos exclusivos de un sexo: el hombre no llora, la mujer sí puede llorar.
3. Identifica ese acto de no expresar las emociones con la rudeza, con el valor, y todo esto, además, como un rol bue-

no característico de un sexo –del otro no, por supuesto– y necesario para encajar en la sociedad con dicha identidad sexual.

4. Envía el mensaje de que hombres y mujeres no son el mismo tipo de persona.
5. Equipara un atributo físico del hombre –la fuerza física– con una cualidad mental, la «fortaleza» emocional, dando por hecho que si el hombre es más fuerte físicamente que la mujer, también lo ha de ser en el plano mental –y, además, el paso de la «fortaleza» psicológico-emocional a la «fortaleza» psiquiátrica e intelectual es prácticamente inmediato–.

Después de haber visto este listado impresionante de errores, solo restaría interconectarlos entre ellos –recordemos que el cerebro no es un órgano con compartimentos aislados, todas las memorias, emociones, conocimientos, etcétera, interaccionan– y unirlos al hecho de que esa persona que recibe esa educación va a ser algún día no tan lejano un adolescente que tendrá amigos y amigas; un adulto que se emparejará con otros con los que conviva y que se enfrentará a conflictos y discusiones; un profesional que trabajará con otras personas; un artista que escribirá libros o artículos periodísticos o canciones o programas de televisión o guiones de películas; un deportista de élite que se convertirá en un modelo para miles de niños; un político que dictará leyes... Pensemos, en definitiva, en el alcance que puede tener esa simple frase.

En términos de educación para los niños, jamás se debe tener una visión local y cortoplacista; pensemos siempre en que la persona que estamos ayudando a crecer tiene una repercusión holística, cosmológica y a una escala temporal de muchos años.

Nuestro mundo actual NO será el mundo de nuestros hijos, por eso NO **hay que educar a los niños según las reglas del momento presente como si estas fueran un dogma de fe.**

> Hay que educarlos para que ellos mismos tengan una **capacidad de razonamiento coherente**, cimentada en principios sólidos, pero que a la vez sea abierta y flexible, de manera que ellos mismos sean capaces de entender, aceptar, seguir, cuestionar y llegar a conclusiones sobre qué es lo correcto y cuáles son las reglas de SU mundo, que será el mundo del futuro, con las reglas, situaciones, conflictos, avances y dilemas del futuro, que posiblemente no tengan nada que ver con los que vivimos nosotros ahora.

Identificar los sentimientos y las emociones

En cuanto al primer error que encierra la frase que titula este capítulo, se trata, como veremos a continuación, del más importante de todo el listado que he detallado en el epígrafe anterior porque, en cierta manera, engloba a todos los demás errores: **anular la expresión de las emociones.**

Ignoro si se debe a un lastre cultural o simplemente ha ido pasando de generación en generación como quien no quiere la cosa, como algo sin importancia, pero lo cierto es que, en el fondo, se trata de un tema capital y de enorme repercusión, porque varias generaciones –al menos en el mundo occidental– se han visto contaminadas por este tremendo error conceptual.

En la actualidad, gracias a que la psicología cognitiva se empieza a tomar en serio desde el punto de vista científico también en parte al influjo del budismo y otras disciplinas orientales, se está comenzando a aceptar la vital importancia que tienen **el reconocimiento y la expresión de las emociones y el desarrollo de una correcta inteligencia emocional** en la estabilidad psicológica, el bienestar general, el desempeño cognitivo, el sufrimiento de trastornos psiquiátricos, el afrontamiento de los problemas, las relaciones sociales, el rendimiento intelectual y profesional y la inteligencia general.[27] De hecho, hasta Pixar ha realizado una película sobre el tema, *Del revés*,[28] una obra maestra genial que todos deberíamos ver y poner a nuestros hijos no una, sino mil veces, pues les enseñará de manera inmejorable a captar el mensaje que intento transmitir en este capítulo.

Pero no solo esta película es útil respecto del tema de este capítulo, también existe un libro maravilloso dirigido a niños de unos ocho años pero que podemos utilizar desde que el niño es pequeñito, cuando le empiezan a gustar

27. Djambazova-Popordanoska, S. (2016). «Implications of emotion regulation on young children's emotional wellbeing and educational achievement». *Educational Review*, vol. 68, n.º 4, pp. 497-515.
28. Inside Out, Pete Docter y Ronnie del Carmen, 2015.

los cuentos. Se titula *Emocionario*[29] y es una obra de gran ayuda, pues expone cada una de las emociones (cuarenta y dos en total) acompañadas de una pequeña descripción y de magníficas ilustraciones que ayudarán a los niños a recordarlas e identificarlas. Para adaptarlo a edades más tempranas será necesario tirar de imaginación e inventarles una especie de historia con el texto que figura en el libro, pero en el fondo esa opción es estupenda, ya que utilizar la imaginación –tanto en los niños como en los adultos– da lugar a un mejor desempeño intelectual,[30] con lo que el libro ayudará a los niños, pero también –y mucho– al adulto que lo lea. Es posible que cueste un poco o que pueda dar algo de pereza tener que adaptar un texto o inventar una historia para contarle al niño de qué va tal o cual emoción, pero si nos detenemos a pensar en la importancia que tiene, en lo mucho que va a beneficiar esto al niño, en todos los problemas que se va a ahorrar en el futuro, en cuánto el libro va a facilitarnos la tarea como padres o educadores y en lo bueno que va a resultarle en el ámbito intelectual, de estabilidad emocional, de felicidad, de inteligencia, de sociabilidad o de desempeño profesional, será una tarea menos pesada. Pensemos en todo esto a esa escala espacial y temporal y, entonces, estoy seguro de que comprenderemos que el esfuerzo merece la pena.

29. Núñez, C. R., y Valcárcel, R. R. (2013). *Emocionario. Di lo que sientes.* Madrid: Palabras Aladas.
30. Thibodeau, R. B.; Gilpin, A. T.; Brown, M. M., y Meyer, B. A. (2016). «The effects of fantastical pretend-play on the development of executive functions: An intervention study». *Journal of Experimental Child Psychology*, vol. 145, pp. 120-138.

El tiempo y el esfuerzo invertido en el desarrollo de la estabilidad emocional de los hijos es lo mejor que podemos hacer como padres, no me canso de decirlo. Si en las escuelas de todo el mundo se dedicase, no ya una clase, sino unos pocos minutos a leer cada día una historia de este *Emocionario*, el mundo sería distinto. Y si lo leyésemos los adultos, incluso mucho mejor.

Ayudar al niño a identificar sus emociones

Los pacientes psiquiátricos declaran que una de las situaciones que más estrés les ha causado en su vida es no saber lo que les ocurría. Y, por el contrario, uno de los momentos de mayor alivio –dentro de lo problemático que es padecer un trastorno psiquiátrico– fue cuando los diagnosticaron de manera correcta.

Ahora imaginemos el cerebro de un niño cuando acontece un evento «traumático» en su vida (la llegada de un hermanito, tener que dejar el chupete, cambiar de casa...). De repente siente nerviosismo, ansiedad, depresión... ¡y sin saber lo que es todo eso!

Su cerebro no tiene conocimiento, **no encuentra las palabras para designar el nuevo estado en el que se encuentra**, es más, ni siquiera sabe que se está comportando o sintiendo de manera distinta. Él simplemente existe, no es consciente de que hay distintas maneras de ser y, mucho menos, que **puede corregir** algunas de esas maneras de ser.

Pensémoslo fríamente: si nos introducen una pastilla de cafeína en el agua sin que nos demos cuenta, llegará un momento en el que nos notemos más acelerados y empecemos a pensar por qué nos ocurre eso, porque intuiremos que tiene que existir alguna razón. Quizá la desconozcamos, pero **tenemos conciencia de nuestro estado alterado.**

En cambio, un niño nunca va a alcanzar esa conciencia, simplemente **vivirá el momento de acuerdo con esa nueva situación alterada sin saber que esa situación no es «normal», porque aún no posee el conocimiento ni la experiencia necesarios para identificarla.** Solo nosotros, los adultos, podremos percibirla «desde fuera», y ahí es donde tendremos que intervenir para ayudarlo y explicarle que está enfadado, qué es estar enfadado y por qué está enfadado; o que está nervioso, qué es estar nervioso y por qué se encuentra nervioso; o que está triste, qué es estar triste y por qué está triste, o que le da vergüenza, o que es tímido, o que está frustrado... –y es que la frustración y la tolerancia a la frustración son algo que se manifiesta muy temprano en los niños, y en algunos provoca verdaderos ataques de ira–. Y así con todas las emociones que veamos que se manifiestan en ese niño.

Por supuesto, también debemos ayudarlo a identificar las emociones positivas como la alegría, el amor, la felicidad, la ternura..., y si las denomino así, positivas, es a propósito, porque **las emociones son de ánimo positivo, de ánimo negativo o de ánimo alterado**, pero no hay emociones buenas o malas.

De hecho, no hay emociones malas, todas las emociones son buenas porque **todas tienen un sentido adaptativo** y **surgen por algún motivo.** Otro tema es que su ánimo o sentido se prolongue en el tiempo y nos impida llevar una vida normal en el plano social o en el profesional, pero **estar triste no es malo**, es **incluso necesario.**

La represión de las emociones

Pensémoslo de este modo: si alguien cercano, de nuestra familia, muere, es normal estar triste y tener el ánimo deprimido durante un tiempo. Lo que podría considerarse patológico es dar saltos de alegría al día siguiente.

Por mucho que el ritmo de esta sociedad y los anuncios de televisión digan lo contrario, **no hay que estar felices todas las horas de todos los días del año.** La vida no es así. Las emociones hay que vivirlas y todas encuentran su tiempo biológico o fisiológico adecuado en su momento. Forzar el reloj para «estar feliz» siempre es uno de los errores más grandes que se cometen en la sociedad occidental. Enfadarse por algún contratiempo es normal, hay que **vigilar que ese enfado no nos haga perder el control y afecte a nuestra vida o a la vida de otras personas**, pero el enfado hay que pasarlo, no ocultarlo.

Un buen método para aprender a experimentar y controlar la ira, la tristeza, el enfado o el estrés, entre otros muchos sentimientos, es la **meditación.** Como he comentado anteriormente, al practicar el *mindfulness*, el cerebro, el cuerpo y las personas cercanas, sobre todo los hijos, lo agradecerán.

La generalización emocional

Por si fuera poco, un problema añadido con la utilización de este tipo de expresiones que «aconsejan» la no manifestación ni el afrontamiento de emociones como la tristeza o el miedo, con su consiguiente ocultamiento y represión, es el fenómeno de la **generalización emocional.**[31]

Diversos estudios realizados con niños que habían sufrido algún trauma indicaron que estos niños habían generalizado la no expresión de las emociones dolorosas que les hacían recordar el evento traumático a todas las demás. Esto trajo como consecuencia que no expresasen afecto, cariño, amor, alegría, etcétera. De esta manera, esta generalización había contribuido a «enfriar» las relaciones interpersonales de estos niños con su entorno familiar y social, acrecentando aún más su aislamiento emocional con el mundo y, por consiguiente, agravando su ya de por sí débil estabilidad psicológica.

Dicho en palabras más sencillas: **si continuamente «castigamos» verbalmente o impedimos de cualquier otra manera el reconocimiento y la expresión de emociones no desea-**

31. Foa, E. B., y Hearst-Ikeda, D. (1996). «Emotional dissociation in response to trauma». *Handbook of dissociation*. Boston (Massachusetts): Springer.

das por el niño, este acabará por no expresar ningún tipo de emoción. Esto deteriorará sus relaciones sociales y, sobre todo, el apego con sus seres queridos. Poco a poco provocará un distanciamiento emocional con su entorno, lo que, como ya hemos visto repetidas veces a lo largo del libro, resulta totalmente contraproducente para su correcto desarrollo emocional e intelectual.

Sería ir al revés de todo lo que hemos recomendado desde el principio: un niño que «marque las distancias» emocionales con sus seres queridos acabará por hacer que sus padres, inconscientemente, también se distancien de él, y así entraremos en un círculo vicioso en el que todos, pero sobre todo el niño, saldrán perjudicados.

El niño, debido a esa **barrera emocional** que ha creado, acabará por recibir menos cariño de su entorno y el poco que reciba no lo percibirá. Esa falta de cariño percibido afectará al correcto desarrollo de su cerebro, lo que traerá consecuencias negativas para toda su vida. Incluso se puede dar el caso de que los padres sí hayan leído este libro y, por tanto, se esfuercen mucho por no alejarse emocionalmente de él y darle todo el cariño que puedan, pero el niño, debido a ese mecanismo general de represión emocional que ha desarrollado por no dejarlo expresar su tristeza cuando era muy pequeño, cree una barrera que no solo no permita aflorar sus emociones, sino que no deje entrar las que le aportan los demás.

Un niño de este tipo se ha convertido en una especie de recipiente hermético, una burbuja aislada del entorno en la que ni entran ni salen emociones. Por supuesto, no hace falta volver a repetir que esto perjudicará por completo sus relaciones con otras personas. **Los seres humanos somos seres recíprocos e interactivos.** Del mismo modo, una persona que siempre permanece callada, que contesta con monosílabos y que no conversa provoca que su entorno termine por hablar poco con ella, es decir, **una persona que no muestra emociones y que no demuestra afecto o cariño también termina por no recibirlo.**

Y lo peor de todo es que lo que su pequeño e inmaduro cerebro acabará percibiendo es que su círculo cercano «lo excluye», o que «no es aceptado», o que «no le quieren», y eso acabará por afectar profundamente a su cerebro, ya que este percibe que se encuentra en una situación muy desfavorable, pues en un entorno salvaje estar apartado de la comunidad significaría la muerte.

Estar dentro de una colectividad nos asegura continuar con vida e ir por libre significa ser más vulnerable a ataques, conseguir menos comida, no encontrar ayuda ante una enfermedad y, a la larga, tener muchas más probabilidades de morir.

Somos seres sociales, por lo que si nuestro cerebro percibe señales de «soledad», le entrará estrés, generará hostilidad y se enfrentará con el resto de la gente por «rechazarlo», convirtiéndonos así en personas cada vez más inestables y más reactivas emocionalmente.

Todo esto perjudicará, obviamente, el desarrollo de habilidades sociales, con lo que quien padece este estrés se aislará todavía más, hasta el punto de llegar incluso a desarrollar fobias sociales, ansiedad y sus derivados, que, en último término, podrán hacer caer a ese individuo en una depresión.

Todo esto **ocurre inconscientemente**, tanto en el niño como en los padres o sus amigos, y **es una dinámica que hay que romper cuanto antes** o, de lo contrario, se enquistará y será imposible de extirpar.

El contagio social

El ser «seres interactivos y recíprocos» nos proporciona muchos beneficios. Nos fuerza a **ser sociales** y a **estar coordinados dentro de la comunidad** –el bostezo es un ejemplo paradigmático, pero también lo es que nos vistamos como la gente que nos rodea (y como los *líderes*, representados por los actores famosos, los futbolistas, la gente con poder y dinero, etcétera)–.

> Nos comportamos como la gente que nos rodea, nos desplazamos en bici si el resto de la sociedad lo hace... Es el denominado **«contagio social»**. El ser «seres interactivos y recíprocos» es, por otra parte, la razón creadora de «la cultura», que es la que genera nuestra identidad social, la cual contribuye en parte a nuestra **autoestima** y a nuestra **seguridad**.

Una comunidad conectada, coordinada y con una identidad clara es «más fuerte» y se encontrará mejor protegida ante ataques externos.

Todo esto, repito, hay que verlo en un sentido evolutivo. Sentimientos de este tipo eran muy útiles cuando la humanidad vivía en tribus en plena naturaleza. Nuestro cerebro ha evolucionado en esos ambientes y desconoce en algunos aspectos que vivimos en el siglo XXI. Esas características siguen totalmente presentes en él y condicionan nuestra vida.

El cerebro social

Todos estos beneficios que nos aporta nuestro **cerebro social** se vuelven en nuestra contra cuando este percibe que no es aceptado por su entorno. Los problemas psicológicos derivados de esa percepción no son nada más que señales que nos manda para que reaccionemos, cambiemos y nos integremos en la sociedad (por eso cuando todo el mundo viste «a la moda» y uno no lo hace siente esa «presión social» que no es nada más que **estrés o ansiedad generada por nuestro cerebro para que nos adaptemos a lo que hacen los demás**).

Pero esta reciprocidad e interactividad, en un niño que no expresa sus emociones de afecto, se vuelven en su contra, ya que terminará por provocar que los demás tampoco le muestren cariño a él y, lamentablemente, su joven cerebro va a pagar las consecuencias con un desarrollo inestable.

Es por eso que NUNCA debemos evitar ni reprimir ni hacer sentir vergüenza al niño que expresa sus emociones y sentimientos.

La importancia de la expresión de las emociones

Que el niño exprese sus emociones es importantísimo para su **correcto desarrollo emocional e intelectual**, así como que las reconozca y las manifieste para, por una parte, liberar a su cerebro de esa carga y, por otra, porque por generalización emocional lo haremos más propenso a expresar amor, cariño, alegría o afecto.

Como hemos visto con anterioridad, esta apertura emocional, por **reciprocidad**, traerá como consecuencia que otros hagan lo mismo con él, con lo que:

- Recibirá en respuesta más afecto y cariño de su entorno.
- Se sentirá querido e integrado.
- Su cerebro estará feliz porque se encontrará seguro y creerá que su supervivencia está asegurada.

Y en consecuencia:

Su desarrollo será el adecuado, su estabilidad emocional, correcta y su evolución intelectual se potenciará.

En definitiva:

- Incentivemos que nuestros hijos expresen su tristeza, porque eso los hará ser felices.
- Enseñémoslos a reconocer las emociones y a que las manifiesten, que digan sin ningún temor cómo se sienten, para bien y para mal.
- Los abrazos, los besos y los «te quiero» serán imperativos, imprescindibles, obligatorios e innegociables. Nunca nos quedemos cortos. Después vendrá la labor de enseñarles a que manejen esas emociones que pueden hacerles perder el control o empeorar una situación.

Ayuda extra para enseñar a mostrar las emociones

A continuación indicaré acciones que pueden resultar de ayuda con respecto a este apartado relativo a mostrar y exteriorizar las emociones del niño.

Como ya hemos señalado, es muy recomendable visionar la película *Del revés* así como tener a mano el libro *Emocionario.* Una vez que los niños tengan las distintas emociones más o menos asimiladas y conozcan sus pros y sus contras, podemos jugar con ellos a reconocer emoticonos o que se acostumbren a preguntarnos: ¿cómo estás?, ¿cómo te sientes?

La educación emocional de nuestros hijos es una inversión de futuro que les dará tanto a ellos como a nosotros una rentabilidad infinita. No escatimemos en esfuerzos.

Errores en la expresión emocional y roles de género

En los epígrafes precedentes de este capítulo hemos analizado con detalle el primero de los errores que encierra el dicho «Los hombres no lloran», pero ahora nos centraremos en los cuatro errores restantes, que tienen que ver, fundamentalmente, con roles de género.

Porque, en efecto, ese «los hombres no lloran» lo que les está transmitiendo, además de frenar en los niños varones la expresión emocional, es que **existen actitudes, emociones y comportamientos exclusivos de un sexo.**

No se trata solo de esta frase, hay muchas otras, todas ellas relacionadas con roles y funciones que se estipulan como propias de hombres o de mujeres, de niños o de niñas, con estereotipias absurdas pero también **tremendamente condicionantes de la manera en que vuestros pequeños acabarán percibiendo al mundo y a sus semejantes.**

Con mensajes de ese tipo, en su pueril pero absorbente cerebro, quedará impresa la idea de que **la expresión de las emociones es un factor únicamente de mujeres** y, por lo tanto, por alguna razón, en algún punto que con toda certeza los niños no llegan a comprender, los hombres y las mujeres son distintos: **las mujeres pueden llorar, quejarse, ponerse tristes, deprimirse, pero los hombres no.**

Pero el absurdo va aún más allá, porque, además, si a los niños varones se les prohíbe la expresión de las emociones y se les «riñe» por ello, y quien se lo prohíbe son sus padres, ellos van a interpretar que es así porque llorar, expresar sus sentimientos, es algo malo, y es malo que lo hagan los hombres, pero no es malo que lo hagan las mujeres, y como el único rasgo que diferencia a hombres y a mujeres es la fuerza física, también acabarán por llegar a la conclusión de que **la expresión de las emociones es un signo de debilidad** –eso si antes alguien no les dice directamente: «Los hombres no lloran porque son fuertes»– y que esa «debilidad emocional» no es un buen rasgo de la personalidad.

Esos niños, finalmente, no querrán ser el tipo de niños que lloren o se pongan tristes e identificarán a quien lo hace como alguien «peor» que ellos y, como consecuencia lógica, todo esto conducirá a que **niños y niñas identifiquen al sexo femenino como distinto y peor que el sexo masculino.**

O, dicho de otro modo, **ellas** –las niñas, las mujeres– **tienen una característica de la personalidad indeseable, y es que lloran.**

En conclusión: acabamos de convertir algo que es indispensable para alcanzar la estabilidad emocional –y, por lo tanto, la felicidad, la tranquilidad y la capacidad de razonamiento óptima–, como es la expresión de las emociones, en algo que hay que evitar a toda costa, que si se hace es un signo de debilidad, que es propio solo de un sexo y que, de hecho, solo manifiesta un sexo: el que es más débil que el otro.

Y así, algo que nos convertiría en mejores seres humanos (la expresión sin cortapisas de los sentimientos) ha pasado como por arte de birlibirloque a reprimirse y a crear hombres con problemas psicológicos derivados de la internalización de las emociones –con sus infinitas e indeseables consecuencias, ya detalladas– y, en el caso de las mujeres, a provocar en ellas numerosos problemas de autoestima –con sus infinitas e indeseables consecuencias– por el hecho de considerarse «seres débiles» solo por expresar sus emociones. Desastre total.

El paso de lo emocional a lo intelectual

Por otra parte, yendo un poco más allá, casi sin darse cuenta en el cerebro masculino se producirá también un pequeño salto de concepto que tendrá, igualmente, unas consecuencias indeseables: **el paso de lo emocional a lo intelectual.**

Expliquemos la asociación de ideas: partiendo de la idea errónea de que la mujer es «débil» emocionalmente porque expresa sus emociones, se pasa a pensar, como siguiente pensamiento lógico de este razonamiento absurdo, que su cerebro es débil y, por lo tanto, que la mujer es **débil intelectualmente.**

Finalmente, con una sencilla instrucción que evita que los hombres expresen las emociones y hace de esa expresión algo «malo» y propio de las mujeres, hemos instaurado en el cerebro masculino la idea –errónea, por supuesto– de que las mujeres no solo son peores, sino también menos inteligentes que los hombres. Casi nada.

Como se ve, repitiendo esta frase, perpetuando ese tipo de «educación», habremos sumado unos cuantos ladrillos –y litros y litros de hormigón armado– al terrible muro que separa a hombres y a mujeres a través de estereotipos de género sin fundamento alguno, el cual, como no lo impidamos educando correctamente a nuestros hijos, formará los cimientos de la **sociedad heteropatriarcal** y, por lo tanto, también de la terrible **violencia machista**.

Parece increíble cómo lo que puede parecer un pequeño error, una simple frase, desencadena tal cascada de absurdos y comportamientos reprobables. Pero, como se ve, los hechos son que todo influye en todo y una educación errónea puede acarrear terribles consecuencias.

El reverso de este razonamiento es una llamada a la concienciación acerca de la enorme responsabilidad y el inmenso poder que, como padres y, por tanto, como educadores, tenemos entre manos. Tras leer capítulos como este, espero que ahora mejor que nunca cobre sentido una de las frases que tal vez haya repetido más a lo largo de este libro: la de que **ser padres no es una «aventura», sino una grandísima responsabilidad.**

Cuando no solo educan los padres

Lamentablemente, **no todo el peso de la educación y la responsabilidad recae sobre los padres**; si así fuera, simplemente con reconocer el error y corregirlo, ya estaría todo solucionado.

El problema es que **el resto de la familia también influye sobre los niños**, y es por ello por lo que siempre recomiendo encarecidamente a los padres que no se cohíban a la hora de corregir a todos esos familiares que transmiten a los más pequeños valores con los que ellos no estén de acuerdo. Hay que perder el miedo a quedar mal, más vale un pequeño momento incómodo, a la larga unos cuantos segundos desagradables, que las terribles consecuencias que una frase desafortunada e irresponsable puede generar si no se corrige a tiempo.

Pero, quizá, peor aún que la familia, sea **el resto de la sociedad**. Y, dentro de ella, la presión de los amigos, posiblemente la más difícil de gestionar.

Por desgracia, en nuestra sociedad está instaurada la norma de que **el hombre tiene que ser «frío»** para ser aceptado por sus iguales y cumplir su rol de «macho alfa». Pues bien, en tanto esta atroz creencia no cambie, todos los hombres que den muestra normal de sus emociones serán objeto de burla, una presión social que si de entrada ya puede resultar difícil de ignorar y asumir en hombres adultos, puede ser definitivamente fatal para los **niños y los adolescentes cuya identidad aún no está consolidada** y que buscan constantemente formar parte integrada de un grupo.

Ahí sí que es nuestra tarea como adultos realizar un tremendo trabajo así como una ingente inversión de tiempo y esfuerzo. Y es que si en vez de en una gran ciudad estos niños y adolescentes cuya identidad aún está «en construcción» viven en un pueblo, una villa o una ciudad pequeña de pocos miles de habitantes, la labor de normalización resultará, necesariamente, ciclópea.

En estas sociedades reducidas, la presión de los grupos que rodeen al niño puede llegar a ser enorme, y si no existen otros grupos alternativos con creencias distintas a los que el niño pueda recurrir, este puede incluso llegar a enfrentarse a sus propios padres por haberlo animado –y educado– a expresar sus emociones.

El cambiar estos conceptos erróneos, el erradicar estas frases aberrantes de nuestro lenguaje y nuestra educación es un reto social que trasciende el objetivo de este libro. Por otra parte, **los padres están obligados a educar a su hijo de la mejor de las maneras posibles, y por ello no pueden sucumbir a la presión social ni al chantaje emocional de un hijo adolescente rebelándose contra ellos.** Porque si hacen eso, si ceden, será muy difícil recuperar su posición.

Como padres, tienen el deber de seguir firmes en la educación que dieron y seguirán dando a ese hijo. Por una parte porque es lo correcto, y por otra porque es lo que más le va a beneficiar en el futuro en términos de **estabilidad emocional**, **felicidad**, **resiliencia**, **afrontamiento**, **resolución de problemas** y **desempeño cognitivo**.

Por muy duro que sea, esos padres están haciendo lo adecuado y, en cuanto a este tema –el de educar correctamente a alguien para vivir en una sociedad injusta–, será tratado con mayor profundidad en el último capítulo.

RESUMEN DEL CAPÍTULO

- Los hombres sí lloran. Y deben llorar. Y deben expresar por qué lloran. Y las mujeres también.
- Incentivemos que los niños expresen su tristeza, porque eso los hará ser felices.
- Enseñémoslos a reconocer las emociones, a expresarlas y a entender por qué se sienten así en cada momento.

  Ejemplo: si el niño se enfada porque no quiere irse a casa porque está en el parque jugando, debemos enseñarle que está enfadado porque se lo está pasando bien y no quiere dejar de jugar, que es normal enfadarse y que a cualquiera, adulto o niño, también le pasa eso mismo, pero que es tarde y hay que irse a casa porque se va a hacer de noche, hace frío y puede enfermar. Además, hay que realizar otras acciones como bañarse, cenar y dormir, porque de lo contrario se cansará mucho y no se puede dormir en la calle. Se le puede decir también que sus amiguitos se van a ir a sus casas porque todos tienen que hacerlo, porque si se quedan en la calle sin cenar, se van a cansar y después van a tener sueño. Además, al día siguiente hay colegio y hay que levantarse temprano. Y podéis utilizar argumentos similares para explicarle su frustración, su odio, su alegría, etcétera.
- Apoyemos a nuestros hijos siempre en el aspecto de la expresión de las emociones. Démosles seguridad y luchemos contra la presión social en contra, tanto de la familia como de las amistades. Apoyemos también a los hijos de nuestros conocidos en público para que se cree un refuerzo comunitario y nuestros propios hijos lo perciban.
- Los niños aprenden principalmente por imitación, así que seamos coherentes con lo que les enseñamos. Es muy reco-

mendable que nos vean reconocer y expresar nuestras emociones sin ningún atisbo de vergüenza.
- Pongamos mucho énfasis en transmitir la idea de que no hay nada bueno en no expresar las emociones así como no hay nada malo en expresarlas. Los hombres que no lloran no son mejores y las mujeres que lloran no son peores, por mucho que digan los anuncios de televisión.
- Educar de una manera cognitivo-emocional es lo correcto y adecuado para el futuro de nuestros hijos, para su fortaleza, para su seguridad, para su autoestima y para su estabilidad emocional en todos los ámbitos. Todo ello repercutirá en su rendimiento académico, sus habilidades sociales, su desempeño profesional, su salud psicológica y psiquiátrica, su felicidad, su resiliencia, su capacidad de adaptación a los cambios, su emprendimiento, su plasticidad cerebral... Nunca flaqueemos, aunque la presión social –incluso el propio hijo o hija adolescentes– nos diga lo contrario.

Y recordemos, como siempre: no lo digo yo, **lo dice la CIENCIA**.

7.
Cómo no «crear» a un narcisista sociópata

Qué es el narcisismo

El narcisismo es el mal oculto de nuestro tiempo.[32] La gente tomó una mínima conciencia de él cuando en 2015 ocurrió la tragedia del avión estrellado en Los Alpes por Andreas Lubitz, copiloto del aeroplano y del que se afirmó que sufría un caso de trastorno de personalidad, en concreto, el llamado «narcisismo maligno», término que fue acuñado por Otto Kernberg.[33]

Pero, lamentablemente, pronto se olvidó este caso y ya no se volvió a hablar del tema y, en consecuencia, el narcisismo sigue sin atajarse, campando a sus anchas y continuando presente en gran variedad de problemas y trastornos, desde todos los casos de violencia machista a la gran mayoría de los conflictos entre las personas del mismo sexo, pasando por el terror a envejecer.

32. Twenge, J. M., y Campbell, W. K. (2018). *La epidemia del narcisismo. Vivir en la era de la pretensión.* Madrid: Cristiandad.
33. Kernberg, O. F. (2005). *Agresividad, narcisismo y autodestrucción en la relación psicoterapéutica.* México: Manual Moderno.

El narcisismo es, en definitiva, la causa directa de la infelicidad de un grandísimo número de personas. El narcisismo es ese mal soterrado que está, en definitiva, detrás de una miríada de trastornos psicológicos y psiquiátricos, y hasta de los conflictos políticos y armados, y, a mucha menor escala, es la razón por la que muchísima gente no afronta sus problemas porque los evita, los oculta o los ignora. El narcisismo provoca infelicidad, odio, rencor, venganza, ansiedad, depresión, violencia, inestabilidad emocional, ira, insomnio, hostilidad, celopatía, anorexia, conflictos laborales, conflictos personales, sociopatía, psicopatía, egoísmo, neuroticismo, etcétera, además de muchos, sino todos, de los problemas de salud directa o indirectamente relacionados con los problemas psicológicos o emocionales que acabo de citar, como pueden ser el consumo de drogas y alcohol, problemas cardiovasculares o, incluso, cáncer.[34]

Cómo surge el narcisismo

El narcisismo depende en gran parte de factores ambientales que, en este caso concreto, serán cien por cien educacionales. Eso nos da margen para evitarlo, tal como trataré de indicar en este capítulo.

34. Sommer, K. L.; Kirkland, K. L.; Newman, S. R.; Estrella, P., y Andreassi, J. L. (2009). «Narcissism and Cardiovascular Reactivity to Rejection Imagery». *Journal of Applied Social Psychology*, vol. 39, n.º 5, pp. 1.083-1.115.

Una falta de afecto verdadero, el amor incondicional, falta de atención, la sobrevaloración de las capacidades del niño, el elogiar características de la personalidad y no el esfuerzo (apruebas porque eres *el más* inteligente, no porque hayas estudiado mucho), la sustitución del amor-cariño-afecto-atención por bienes materiales, la educación en el elitismo, el clasismo, la desigualdad o el racismo, todos los citados son factores favorecedores del desarrollo de una personalidad narcisista.

No debéis escandalizaros por la asociación que acabo de mencionar entre la educación en el clasismo, la desigualdad o el racismo con el narcisismo. Por desgracia, estas actitudes muy comunes son factores favorecedores del narcisismo, ya que muchos adultos que en principio no se encasillan a sí mismos como clasistas, machistas o racistas emiten numerosos comentarios que sí son elitistas-racistas-homófobos-machistas y que los niños escuchan y absorben sin filtro. Con esos comentarios, esos niños van construyendo su propia realidad y su propio mundo de una manera incorrecta. Por eso es imprescindible tener mucho cuidado al hablar ante ellos y, por otra parte, enfatizar mucho en su presencia los mensajes de igualdad.

Los niños son egocéntricos por naturaleza, es una fase de su desarrollo, y si escuchan a su alrededor comentarios que refuerzan ese sentimiento natural (como, por ejemplo: «Eres el mejor», «Perdéis el partido porque X es muy malo, si te pasaran a ti la pelota ganaríais», «Suspendes por culpa de la profesora, porque tú eres muy listo», etcétera), crecerán en una burbuja en la que ellos y todo lo que ellos hagan será correctísimo y el fallo estará en los otros, que son peores.

Además, con estas frases fomentaremos, por otra parte, la creación de su identidad en función de los elogios, y **los elogios son unos «cimientos de papel» que no soportarán el choque de la realidad y les harán colapsar ante la primera eventualidad.**

Minimizar o intentar ocultar los errores o las limitaciones del niño pensando que así los protegemos también es un error que le creará una ilusión de grandiosidad que no existe en realidad. Su autoestima se creará sobre esa ilusión, por lo que evitará cualquier acción que ponga en evidencia su aparente «perfección». Aceptando los fallos y las dificultades, el niño irá creando una identidad real de sí mismo, con sus virtudes y sus defectos, y de esta manera no tendrá problema en intentar cosas nuevas, aunque eso conlleve cometer errores y no ser «el mejor». Como no existe una idea de «perfección», no pasará nada por fallar, al contrario, será una ocasión para aprender y progresar.

De la misma manera, no hacer caso de sus logros también es un error que creará a un niño **inseguro** y con una **autoestima inestable** que se pasará toda la vida buscando «eso» que tiene que hacer para ganarse la atención y el afecto de sus seres queridos.

Es decir, hay que encontrar un término medio: **el afecto debe estar siempre presente y debe ser verdadero, sincero y honesto, pero ajustado a la realidad.**

El refuerzo positivo, el elogio, ha de ser referido a **factores controlables**, como el esfuerzo, el trabajo o la perseverancia.[35] De esta manera le hacemos saber al niño que, aunque sea el más talentoso con el violín o el que más canastas encesta en su equipo, eso no significa nada más que eso. **Un talento o una capacidad específica no tiene ninguna importancia más que esa: ser el mejor en ese momento puntual y efímero, poco más.** El haber conseguido llegar hasta ahí no hace a ese niño superior a los demás ni merecedor de un trato especial, ni conllevará que se le otorguen unos privilegios diferenciadores; al contrario, precisamente a ese niño se le ha de potenciar que debe tratar a los otros con el mismo respeto con que se lo trata a él.

Cómo evitar el narcisismo en el niño (I)

No hay nada material en el mundo que sustituya al tiempo. **El tiempo que dediquéis cien por cien a vuestros hijos es el mejor regalo del mundo que podéis hacerles para apuntalar su estabilidad emocional.**

Pero no vale con estar en la misma habitación que ellos: es necesario «estar con ellos» **con atención plena.** Eso es lo que más fortalecerá su autoestima y su seguridad y lo que consegui-

35. Pastorelli, C.; Caprara, G.V.; Barbaranelli, C.; Rola, J.; Rozsa, S., y Bandura, A. (2001). «The structure of children's perceived self-efficacy: a cross-national study». *European Journal of Psychological Assessment*, vol. 17, n.º 2, pp. 87-97.

rá que sus cerebros perciban que son **queridos** e **importantes** para nosotros. Y, de este modo, esos niños no se pasarán toda la vida buscando hacer aquello que capte nuestra mirada.

Se trata de una diferencia sutil pero muy importante: **no debemos fijarnos solo en lo que les damos a nuestros hijos, sino en lo que nuestros hijos perciben que les damos.**

Si pasamos tiempo con ellos pero estamos sumergidos en el móvil, ellos percibirán que no son importantes para nosotros. Si no los dejamos jugar libremente porque estamos viendo la televisión o les mandamos callar, percibirán que son un estorbo. Por otra parte, si nuestros hijos solo reciben objetos materiales como muestra de «cariño», eso será lo que aprendan y así se comportarán con sus amistades, con su pareja y con sus futuros hijos. Volveré a insistir en ello: **el narcisismo es el mal oculto de nuestro tiempo, una máquina creadora de infelicidad –y de peligro– para la persona que es narcisista y también para todos los que la rodean.** Atajadlo en vuestros hijos tan pronto como podáis.

La infelicidad del narcisista

El narcisista es un ser infeliz. Aunque conquiste el mundo entero, tenga lo que tenga, consiga lo que consiga, nunca estará contento porque siempre siempre considerará que en el mundo hay, alguien que está por encima de él, que ha alcanzado lo mismo que ha logrado él o que no *lo respeta* como él cree que se merece.

La sociedad, por su parte, creará constantemente nuevos objetos «mejores» para que el narcisista los consuma, siempre habrá «mejores» sitios a los que aún no ha ido y alguien que tiene algún objeto que él desea. Porque las modas cambian constantemente y, por tanto, esa categoría de «lo mejor» se irá desplazando de una situación a otra y generará una ansiedad incontrolable en el narcisista, una ansiedad que solo logra saciar adquiriendo aquello que en ese momento «está de moda», humillando al que cree que lo ha superado o, en último caso, destrozando todo aquello que lo hace situarse –en su mente obsesiva– en un segundo lugar.

El narcisista, en resumen, **nunca estará satisfecho**, siempre necesitará una nueva dosis que calme su ansiedad. Pero **cuanto más rápido corra el narcisista tras ella, más rápido huirá de él la felicidad.**

Algunos autores defienden que existe un «narcisismo bueno», ya que «creerse el mejor» *solo un poco* nos obliga a estar siempre activos para demostrarlo, lo que nos lleva a realizar acciones, superar nuestros propios límites y contribuir al progreso de la sociedad. Creo, sin embargo, que aquí radica un error de concepto o, en todo caso, de vocabulario: eso no sería tener un poco de «narcisismo bueno», sino **ser competitivo**, tal como lo es una persona **que no se conforma**, que es **perseverante en el logro de sus objetivos.**

Se puede ser todo eso (competitivo, perseverante, perfeccionista, inconformista) y no sufrir –ni hacer sufrir a otros– las consecuencias negativas del narcisismo.

Y, por supuesto, un narcisista de manual puede conseguir grandes logros, y hay múltiples ejemplos de ello, pero, como se apuntó varios capítulos atrás, también hay artistas geniales que sufrieron maltrato de niños y no por ello es posible afirmar que ejercer la violencia sobre los niños sea bueno...

El objetivo de este libro es educar a los niños en el método cognitivo-emocional para que sean estables emocionalmente y, por lo tanto, felices. Un narcisista que haya conseguido sentarse en el trono de mármol que preside el mundo –es decir, que haya conseguido bajo sus parámetros el mayor éxito posible– ¿sería feliz?

Por supuesto que no, porque, como también se ha mencionado, enseguida surgirá algo que esa persona considerará que es «mejor» y querrá poseerlo –o aplastarlo–. Esa es la diferencia.

Por tanto, alguien cuyo objetivo es el éxito de sus hijos a cualquier precio no hallará en este libro los consejos que está buscando, pero, además, no estará haciendo lo correcto ni para sus hijos ni para la sociedad.

Un niño criado bajo los parámetros del narcisismo traerá más sufrimiento que beneficio a la sociedad por mucho éxito que tenga y por mucho dinero que gane.

Cuando ese niño narcisista tenga pareja, ¿cómo se relacionará con ella? Cuando tenga un grupo de amigos, ¿cómo se comportará con ellos? Cuando sufra un fracaso personal o profesional, ¿cómo lo afrontará?

Enseñanzas y claves para combatir el narcisismo en el niño

Lo importante no es que el niño no sea competitivo y no busque mejorar ni alcanzar los objetivos que se proponga, lo importante es que **sepa que todo eso es relativo, además de perecedero.**

La vida es un continuo, no se detiene ante nada y él debe saber que hay mucha gente en el mundo y que él es uno más que y, siempre se encontrará, a lo largo de su vida, con gente que sea más brillante que él en lo que él creía que era el mejor. Y no pasa nada, porque **la felicidad no se encuentra ahí.**

También debe saber que **él solo contra el mundo, sin la ayuda de sus compañeros, no puede conseguir nada.** Y que el logro de sus amigos también es su logro, y que su logro es el logro de todo el equipo.

Reconocer los propios errores y limitaciones es sano y nos ayudará a tener una autoestima segura, a aprender y evolucionar.

Por otra parte, hay que intentarlo todo, se debe procurar ser bueno en todo y probar a realizarlo todo, no solo aquello en lo que más destacamos. **No se debe tener miedo al fracaso ni al ridículo, porque si lo intentamos y no nos frustramos, acabaremos por dominar lo que sea.** En la práctica, y no en el talento, está la maestría.

Si creamos en nuestros hijos una ilusión de grandeza y perfección, nunca intentarán nada en lo que ellos no sean diestros porque tendrán miedo al fracaso, se sentirán inseguros, su ego se resentirá, se frustrarán y posiblemente la ira y la ansiedad tomarán el control de su cerebro. Esto generará, finalmente, un **condicionamiento aversivo** hacia practicar cosas nuevas.

Educar en la no frustración

Lo que debemos enseñarles es que **tienen que intentarlo todo**, incluso aquello en lo que no son muy resolutivos, ya que, aunque al principio lo pasen mal porque no sean capaces de realizar esas acciones, con la práctica lo conseguirán y su satisfacción después será mayúscula. Además, adquirirán nuevos aprendizajes y plasticidad emocional, lo que les permitirá superar sin ningún problema las circunstancias adversas que surjan en sus vidas.

Los niños no narcisistas:

- Podrán seguir adelante aunque se tropiecen mil veces.
- Serán empáticos y no les importará no ganar siempre.
- Seguirán las reglas y no harán trampas ni manipularán para salir victoriosos.
- Podrán cambiar de opinión si la que ellos defendían se demuestra que es falsa sin que sus egos se vean afectados.
- Podrán construir su identidad sin recurrir a esas destrezas en las que ellos son talentosos.
- Serán capaces de alegrarse por los éxitos de los demás.
- Se les abrirán una infinidad de caminos que recorrer.

Sin miedo a realizar actividades nuevas en las que no tienen experiencia, nuestros hijos serán imparables.

En definitiva, **con una educación en la no frustración nuestros hijos adquirirán una flexibilidad emocional que les dará seguridad** y que, como ya hemos dicho a lo largo de todo el libro, es el secreto de la estabilidad, de la felicidad, de la inteligencia, del progreso personal y del bienestar.

Por contra, **si fomentamos y reforzamos el narcisismo natural que todos los niños poseen**, esos niños se acabarán encerrando en sí mismos, en las cuatro actividades que hacen a la perfección, y no saldrán de ahí. Construirán su identidad en torno a esas cuatro acciones que hacen bien y que tantos elogios les reportaron en el pasado y eso anquilosará su desarrollo, su inteligencia y su autoestima –que se basará solo en factores externos, como los aplausos de los demás–. Y, ojo, no estoy diciendo que no debamos premiar y elogiar a nuestros hijos por aquellos logros que consiguen, lo cual es correcto y necesario, sino que de lo que se trata es de reforzar la acción, el esfuerzo que les ha costado realizar esos logros, no solo la meta final.

Y, además, también hay que **incentivarlos** –y mucho– **para que realicen tareas en las que no son tan duchos** y, por otra parte, hacerles entender que no van a ganar siempre y que, aunque ganen, ese triunfo es **relativo**, porque *no todos han tenido las mismas oportunidades y circunstancias*, lo que no los convierte en alguien especial o merecedor de algún privilegio.

Si no logramos esto, llegará un día en el que nuestros hijos descubran que hay otra gente que hace esas cuatro cosas mejor que ellos y ahí vendrá la infelicidad, la frustración, el resentimiento, la inactividad –dejarán de hacer eso e incluso lo menospreciarán– y, muy probablemente, la depresión.

Lo que deben aprender los niños sobre el narcisismo

Los niños han de aprender que:

- **En clave de éxito, no hay términos absolutos** –ni siquiera en los récords–.
- **Cada uno es el mejor en un momento puntual,** y eso depende en muchas ocasiones de las circunstancias espaciotemporales e históricas en las que haya vivido esa persona y en las que se hallen los demás.
- **No por no ser el mejor de los mejores tenemos que dejar de seguir realizando acciones:** la vida es una carrera de fondo, consiguen más la perseverancia y el empeño que la genialidad puntual. Es más, esta última genera frustración y fracaso en cuanto se comprueba que no es una realidad absoluta sino relativa y que siempre hay otros iguales o mejores que nosotros en esa labor.

  Ejemplo: existen numerosos casos de personajes relevantes o famosos que, cuando eran niños, no eran los mejores. Sin embargo, su empeño y su perseverancia les permitieron seguir y seguir practicando su disciplina y llegó un momento en el que los que eran mejores que ellos se fueron apartando –posiblemente porque empezaron a ver que su talento se desvanecía y otros los superaban–. Fue entonces cuando pasaron a conseguir o realizar descubrimientos, gestas, obras artísticas o hitos increíbles, tanto para ellos como para la sociedad.

Las fases del narcisismo según el crecimiento

Es un hecho, los niños son narcisistas por naturaleza: ellos son el centro de su universo –no conocen otro–, obtienen atención plena por parte de todas las personas que conocen y se los elogia continuamente. Y **no es malo, es una fase de su desarrollo**.

El problema surge cuando esa fase no es superada porque no se adquiere la madurez necesaria y ese niño sigue creciendo y viviendo inmerso en esa burbuja mantenida por sus padres y su entorno adulador y llega a entrar en la adolescencia, e incluso en la edad adulta, con ese mismo sentimiento, con lo que este se consolida.

En la adolescencia, con esa sensación de inmortalidad y omnipotencia, es fácil que el **niño talentoso** se vuelva un **joven narcisista que se cree perfecto**.

Compararse con su grupo de amigos y verse superior a ellos en algún aspecto, unido a las anteriormente mencionadas sensaciones de invulnerabilidad y eternidad, puede hacer que **generalice esa percepción de superioridad hasta convertirla en su seña de identidad –es lo que hace que se sienta especial y «feliz», mitigando así su inseguridad–,** centrando todas las conversaciones en esos puntos en los que sabe que él es «el rey» e ignorando o menospreciando aquellos otros en los que no destaque. De esta manera irá acrecentando su «leyenda».

Pero ese niño o adolescente, cuando reciba un revés en su vida (que puede ser simplemente salir de su propia ciudad y ver que no es el mejor en ese nuevo entorno, o una ruptura sentimental, o una merma de sus facultades –o su atractivo– por «envejecer»), se verá inundado por el **odio**, la **ira**, el **rencor**, el **resentimiento** y la **depresión**.

Ese **«golpe de realidad»** puede hacer que cohíba determinadas conductas, que no se atreva a emprender un nuevo proyecto y vuelva a su ciudad, a su entorno, donde se siente seguro. Y entonces, ahí, **«vivirá» de su pasado**.

Es posible que baje enormemente su rendimiento e incluso puede llegar a fracasar académica o profesionalmente al ver que no logra ser «el mejor», o quizá comience a mentir y a fabular, buscando excusas para sus imposibilidades de éxito total o inventándose una nueva identidad –e incluso un nuevo pasado– en el que es –y fue– el mejor en todo. Tal vez caiga en una depresión o se manifieste algún otro trastorno psicológico y podría llegar a refugiarse en alguna adicción. Y, sobre todo, sin ninguna duda, **impedirá que sea feliz**.

Como padres, podemos evitar todo eso simplemente educándolo en el método cognitivo-emocional. Es nuestra obligación darle todo el cariño y el afecto que podamos, todo el apoyo y el soporte para que desempeñe óptimamente aquello que lo motiva y que le gusta, **pero haciéndole**

saber y entender que ser muy bueno en algo no implica sentirse superior a los demás y, lo que es más importante, que **ser el mejor en algo no significa nada más que eso: ser el mejor en algo en ese momento espacio-temporal puntual y momentáneo.** Eso no lo hace especial ni merecedor de ningún privilegio y, por supuesto, el cariño de sus padres no está en juego, es decir, será el mismo en la victoria que en la derrota.

En la educación de vuestros hijos tiene que quedar muy claro que **ese «sentirse superior» no puede ser el pilar de su identidad.** Que todos somos iguales y así debemos ser tratados, ya que el respeto, la ética, la justicia y la educación no pueden depender de, por ejemplo, sacar mejores o peores notas. Que ser muy bueno en algo **no implica ni más felicidad, ni más respeto ni más reconocimiento**, valores que, por otra parte, se reciben por el tipo de persona que somos, no por nuestro éxito y, por supuesto, no por pertenecer a una determinada clase social.

Ese pequeño matiz es crucial y hay que hacérselo entender: a ese niño se lo respetará y amará por quien es, no por lo que posee, porque esos juguetes o esa ropa que pueda llegar a tener en realidad no «lo convierten en alguien».

La identidad del niño tiene que construirse sobre la base de sus virtudes y defectos, valores éticos y de justicia universales, unas relaciones familiares y sociales sinceras y honestas y la equidad e igualdad de todos los seres humanos.

Después, todo lo demás ya lo irá incorporando él con el tiempo. Pero los cimientos deben ser sólidos para que pueda razonar coherentemente sobre lo que es correcto y lo que no, para que sepa ver lo triviales que pueden ser algunas situaciones, aunque la sociedad las ensalce por encima de todo. Por eso, **debemos enseñarle que más importante que ser el mejor en lo que sea, ser el que más tiene, ser el más popular o ser el que mejor viste es saber reconocer, de manera sincera, que otro lo es.**

Las particularidades del narcisista

- El narcisista será hipersocial e hipergeneroso en público, y también falsamente humilde, para ganar audiencia que lo adule a la que utilizar cuando lo necesite. El narcisista buscará ser receptor de admiración como quien busca la droga de la que es adicto. Todo lo hará para rodearse de gente que lo adule y que vea lo exitoso que es –o los bienes materiales que posee–, pero eso será falso y se acabará cuando se cansen de él.
- Además, será **inseguro** a la vez que **hipersensible a la crítica** y estará **siempre a la defensiva para proteger su ego**.
- Será **despiadado** y **manipulador y no dudará en humillar** a algún «rival» o a alguien débil, todo para destacar su figura por encima de la de los demás.

Todo esto deteriorará gravemente sus relaciones sociales, y las que mantenga serán falsas y superficiales, sostenidas solo temporalmente mientras perdure la adulación y la jerarquía social con él en la cúspide. A la larga, su comportamiento alejará a nuestro hijo narcisista de la estabilidad emocional y, como consecuencia, de la felicidad. Nuestra tarea es evitar a toda costa este final. La destrucción del yo, que dirían los budistas.[36]

Cómo evitar el narcisismo en el niño (II)

Todas estas medidas lo ayudarán a crear una autoestima segura y verdadera y le darán seguridad. Ahí reside la estabilidad, ahí está lo que le permitirá progresar y afrontar las adversidades, liberarse de los bloqueos emocionales, avanzar, evolucionar, rendir más cognitiva, intelectual y creativamente, ser más resiliente, ser un ser social honesto, verdadero y sólido. Todo esto en conjunto lo ayudará enormemente a conseguir la felicidad, y la tranquilidad.

Y, con eso, hasta el infinito y más allá…

36. Osho (2011). *El libro del ego*. Barcelona: Debolsillo.

RESUMEN DEL CAPÍTULO

- El mejor regalo del mundo que podemos hacerles a nuestros hijos es el tiempo: media hora jugando con ellos con atención plena –sin móviles, sin televisor encendido, sin interrupción– vale más que cualquier regalo material.
- Invirtamos tiempo en nuestros hijos y recogeremos estabilidad emocional y felicidad.
- Cuando los niños realicen bien alguna actividad, elogiemos el esfuerzo que les ha llevado a conseguirlo. Eso hará que les motive el aprendizaje y no el logro, y así el esfuerzo formará parte de su identidad. De este modo, cuando fallen, no experimentarán emociones negativas y, por lo tanto, no tendrán miedo a intentar acciones nuevas en las que no tienen experiencia.
- Invitemos a nuestros hijos a que prueben a hacer actividades que no se les den tan bien. Eso les hará darse cuenta de que no son perfectos, que también fallan y que no pasa nada, que todo el mundo los quiere igual.
- No los comparemos con nadie de su entorno y, por supuesto, no elogiemos ni mostremos más afecto por los que salgan favorecidos de esas comparaciones.

  Ejemplo: «Mira a Pablo, que ya duerme sin chupete, qué mayor/listo/bueno es, y tú aún estás con el chupete en la boca».
- Perder ese miedo al fracaso, a la vergüenza de fallar, los hará más fuertes emocionalmente –sus egos no se mancillarán por fracasar o por una ruptura sentimental, por ejemplo– y, por consiguiente, perderán el miedo a intentar realizar actividades y experiencias nuevas. La pérdida de ese bloqueo emocional los hará ser conscientes de que pueden aprender a hacer cualquier actividad que se propongan. Esto, unido a la enorme capacidad de aprendizaje que tienen los cerebros

de los niños, logrará que su potencialidad se expanda enormemente.

- Enseñad a vuestros hijos que la perfección no existe: nadie es perfecto, ninguna familia es perfecta. Y, en caso de existir algo parecido a la perfección, se trata de una circunstancia relativa, efímera y dependiente de las condiciones culturales e históricas que haya vivido.
- Nadie los va a querer más, respetar más o abrazar más por ser los mejores o por poseer bienes u objetos que son considerados socialmente como «mejores». Ser buenas personas, sinceras, honradas y afectivas les proporcionará más felicidad que ser «el mejor» o tener «la mejor moto».
- Muchos narcisistas han triunfado, son multimillonarios y han conseguido grandes logros. La pregunta es: ¿son felices? La evidencia demuestra que no. Sin embargo, ¿lo habrían conseguido igual sin ese narcisismo? Por supuesto que sí, y serían más estables emocionalmente.
- Ser narcisista no es sinónimo de ser competitivo ni asegura ser exitoso. Sin embargo, ser narcisista sí asegura ser emocionalmente inestable, infeliz y más vulnerable a trastornos psicológicos o psiquiátricos.
- La competitividad es sana y constructiva, el narcisismo no.
- El narcisismo es una estrategia para proteger el ego, la identidad, porque esta se ha construido de manera errónea solo sobre los aspectos en los que el niño destacaba y eran aplaudidos y elogiados. Cuando esa barrera se desmorone por el choque con la realidad, la frágil identidad se lastimará y llegará el sufrimiento, la ira y la agresividad.
- La identidad de los niños debe crearse sobre lo real: sobre lo bueno, lo malo y lo regular, sobre lo relativo y sobre lo cambiante, sobre lo presente y sobre el paso del tiempo y el enve-

jecimiento. No somos eternos ni perfectos, por mucho que lo digan los anuncios de la televisión.

- Las relaciones sociales y familiares deben estar basadas en la confianza, en el afecto y en la honestidad, no en la comparación social o en la adulación gratuita y a discreción.
- Apoyad a vuestros hijos en lo que los motive, en lo que disfruten haciendo. Y celebrad sus triunfos con cariño, abrazos y elogios. Y si ellos quieren, enseñadles a ser perseverantes para conseguir la maestría. Pero también enseñadles que eso no les hace ser ni mejores personas ni superiores a los demás, a los que tienen que respetar como a sus iguales. Promoved su empatía.
- Enseñadles a vuestros hijos que, como decían en *El gran Gatsby:* «Cuando sientas deseos de criticar a alguien piensa que no todo el mundo ha tenido tus mismas oportunidades».[37]

  Nadie es mejor que nadie por tener éxito, porque el éxito depende de infinidad de factores a los que muchos no tienen acceso. Y, además, no debe valorarse tanto. Por ejemplo, un narcotraficante alcanza el éxito en su profesión y no por eso debe ser respetado ni es respetable. Hay muchas otras circunstancias más importantes que el éxito, el dinero y las influencias. La honestidad y la ética, por ejemplo. Enseñad a vuestros hijos a ser respetuosos por igual con todos los que los rodean, desde el hijo del barrendero al presidente del Gobierno. Todos son seres humanos y, por lo tanto, todos deben ser respetados por igual, nadie es más merecedor que otro de respeto.
- No obliguéis a vuestros hijos a perseguir vuestros sueños frustrados. Ellos son personas nuevas e independientes. Que

37. Fitzgerald, F. S. (2008). *El gran Gatsby*. Barcelona. Barcelona: Debolsillo.

ellos encuentren lo que les gusta y los motiva, y si lo quieren realizar, que lo hagan. Por el contrario, si pretenden abandonar, no los obliguéis a seguir o pensarán que han fallado y se pasarán toda su vida intentando compensar ese «fracaso».

- Apoyad a vuestros hijos en el desarrollo de sus talentos –sean los que sean–, pero no los obliguéis a seguir si no quieren, que sean ellos los que decidan, así crecerá en ellos la seguridad y la autoestima que, como ya sabéis, son los pilares de la Tierra...

Y no lo olvidéis: no lo digo yo, **lo dice la CIENCIA.**

8.
Educar en la libertad (pero sin pasarse)

Libertad, educación y miedo

Si mostráramos en una reunión la foto de un niño que está pintarrajeando con un rotulador la puerta de una nevera, por ejemplo, sería fácil descubrir, basándonos en sus reacciones, que existen dos tipos de personas:

- Los que piensan inmediatamente en el destrozo –superficial, por cierto– que el niño ha efectuado en el frigorífico, acompañado inmediatamente por el pensamiento de lo irresponsables que son los padres por haberle «permitido» realizar eso o por haberse despistado y no haber estado encima del niño para evitar tal atrocidad.
- Los que piensan en lo bien que se lo está pasando el niño dando rienda suelta a su creatividad en entera libertad.

En otras palabras, podríamos decir que hay dos tipos de personas: **aquellas a las que les interesan los objetos** y **aquellas a las que les interesan los individuos.**

Cuando una pareja decide tener un niño es necesario que ambos sean conscientes de que van a engendrar un ser humano y que, como tal, tendrá el derecho –legislativo y biológico– de ser libre en sí mismo. Por supuesto que se le debe educar y enseñar –básicamente porque, si no, fallecería– y por supuesto que debe aprender a respetar y obedecer a sus padres, pero **el respeto verdadero**, como ya he mencionado varias veces a lo largo del libro, **no se gana por la fuerza, se gana con el ejemplo y la explicación.** Lo que se gana por la fuerza es el miedo, y no hay sentimiento más horrible –por lo menos para mí– que nuestros hijos nos tengan pavor.

> Los niños deberían ser educados para ser personas pensantes e independientes, capaces de discernir entre lo correcto y lo incorrecto según un criterio ético y moral adecuado a su tiempo, no para actuar como autómatas según si sus acciones van a reportarles recompensa o castigo.

Ese tipo de **educación conductista** atenta contra ese derecho fundamental que es la libertad de todo ser humano, además de crear importantes traumas.

En el caso de los niños, esta línea roja es más delgada si cabe, y muy fácil de cruzar, ya que **el niño es incapaz de decidir por sí mismo, por lo que acatará lo que le digan y enseñen.** Es muy sencillo obligarlo utilizando la fuerza o el miedo, y por eso existen leyes que protegen a los niños contra abusos que pisoteen su inocencia y dependencia, algo que puede ocurrir incluso antes del nacimiento, como es el caso de las leyes que penalizan y condenan a las madres que consumen alcohol u otras drogas durante el embarazo.

Los niños dependen de nosotros, los adultos somos responsables de lo que les ocurra y de las consecuencias de sus actos. Si no queréis asumir esa responsabilidad, no tengáis hijos, pero una vez que habéis decidido que nazcan y crezcan, respetarlos y protegerlos es un peaje obligatorio e innegociable de entrada en el ya tan citado, llegados a este punto, «universo de los padres».

La libertad, un derecho fundamental

Con la Carta de los Derechos Humanos en la mano, todo niño debería ser educado con el objetivo de que sea una persona de **pensamiento independiente, capaz de razonar y decidir coherentemente por sí mismo de acuerdo con unas normas sociales, éticas y morales del que será su mundo** –que no es el nuestro–.

Todo esto, como se ha venido explicando a lo largo del presente libro, solo lo conseguiremos si educamos desde el primer momento al niño en **la racionalidad** y **la estabilidad emocional**. De esta manera construirá unos sólidos cimientos compuestos de una amalgama de gran seguridad en sí mismo, autoestima sólida y autoconcepto verdadero (el autoconcepto es la idea que tiene uno de sí mismo, lo que lo diferencia de la autoestima, que es **lo mucho o poco que se**

quiere uno a sí mismo, tanto de manera consciente como inconsciente). Una vez sentadas estas bases, todo lo demás simplemente fluirá sin resistencia de esa base primordial de la personalidad.

¿Y cómo conseguimos esto? Una de las maneras de alcanzarlo es mediante la libertad.

La libertad en relación con la educación de un niño tiene **múltiples facetas**: está la libertad para explorar su medio y conocerlo, la libertad para experimentar con los objetos que lo rodean y así poder deducir sus propiedades y posibilidades, la libertad para expresarse a través de diferentes medios y soportes, la libertad para estudiar y establecer sus propios límites y capacidades e, incluso, la libertad para decidir sobre su propia vida.

Por supuesto que en aras de la libertad no podemos dejar que el niño experimente con cerillas y gasolina para ver si las cortinas de la casa arden, pero, volviendo al ejemplo del principio, no va a pasar nada –de verdad– si el niño decide garabatear sobre la puerta de una nevera ni seremos unos padres horribles ni supondrá un gran drama limpiar el frigorífico o incluso cambiarlo si se tratara de un caso de siniestro total. Al fin y al cabo, es un objeto material, ¿no?

Pensémoslo fríamente –valga la redundancia–: se trata de una nevera, nada comparado con lo que representa un hijo, su estabilidad emocional y, lo más importante, la relación afectiva que establezca con sus padres. Es más, si nos paramos a contemplar su obra de arte, lo dejamos acabar e incluso le sacamos una foto al resultado final, no estaremos siendo en absoluto unos malos padres, todo lo contrario, estaremos haciendo lo correcto. Ahora lo explicaremos con más detenimiento, pero, antes, hablemos de Emily.

La historia de Emily

Emily era una niña normal, alegre, sociable y cariñosa. Sus padres eran dos trabajadores de clase media que vivían en un barrio residencial a las afueras de Londres. La madre de Emily estaba enferma, pues ya antes de que ella naciera se le había diagnosticado un cáncer de mama y, pese a que conocía los riesgos que conllevaba el quedarse embarazada, prefirió seguir adelante con su decisión de ser madre. Todo ocurrió de manera impecable, el embarazo transcurrió dentro de los parámetros de seguridad tanto para la madre como para la niña y nueve meses después nació Emily sin problemas. De todos modos, los médicos advirtieron a la madre de que el cáncer podría volver a aparecer.

Y así fue, cuando Emily tenía seis años su madre sufrió una recaída de la que fatalmente no pudo recuperarse.

La muerte de la madre de Emily fue un golpe terrible para la familia. El padre se encontró de repente con una situación muy complicada: no solo tenía que superar el dolor por la muerte de su pareja, además tenía que ayudar a su hija pequeña a superar –y entender– el suyo propio y sacar adelante económicamente a la familia lo mejor que pudiera.

Explicarle a un niño tan pequeño lo que es la vida y la

muerte, que entienda que su madre se ha ido para no volver y que no es culpa de nadie, pues así es el proceso vital, es imposible. Por eso es muy fácil recurrir a cuentos fantásticos de seres que viven en otro mundo cuando dejan la vida en la Tierra. El que el niño se enfade y pregunte «¿por qué a mí?» es lo más normal, como lo es incluso que acabe odiando a la persona que ha fallecido por haberlo abandonado. Así funciona su pequeño mundo o, mejor dicho, así interpreta su inmaduro cerebro el mundo real. Carece de muchos datos y experiencias para hacerse una idea verdadera de lo que es realmente la vida.

Por este motivo, cualquier acercamiento del padre de Emily a su hija con la intención de calmar su dolor, o de entenderlo, o simplemente de saber cómo se encontraba, era rechazado por la niña, que cambiaba de tema u optaba por montar una rabieta cuya furia dirigía contra su padre. De esta manera, el padre se fue alejando también del asunto ya que no quería que se creara un malestar emocional entre él y la niña. Pensaba que, ya que solo se tenían el uno al otro, ninguno de los dos podía permitirse el lujo de perderse, sobre todo Emily.

El duelo es un proceso complicado, **la biología necesita su tiempo**, no podemos desvincular todos los recuerdos de sus emociones en dos días, requiere un ritmo lento, el que sigue la fisiología, y no se puede acelerar. Además, como ocurría en el caso de Emily, la vinculación recuerdo-emoción es mucho más fuerte en un niño con su progenitor. **La relación de apego es una de las más intensas y sólidas de la natu-**

raleza, porque de ella depende la supervivencia. Nosotros, como padres, somos «víctimas» de ese proceso.

La tormenta emocional desencadenada en el cerebro de Emily, o de cualquier otro niño que sufra la pérdida de sus padres, es tremenda y probablemente imposible de entender por un adulto. Incluso una persona adulta, cuando pierde a sus padres, experimenta una sensación de abandono incomparable, porque hasta una madre necesita a una madre. Nunca se deja de ser hijo. Eso da una idea de lo increíblemente fuertes que son los vínculos emocionales que nos unen a nuestros padres. Por eso Emily no quería saber nada del tema de la pérdida de su madre ni quería hablar de nada que hiciese resurgir aquellos recuerdos bañados de emociones que únicamente le traían dolor.

Y así fue como su padre, sin saber muy bien si estaba haciendo lo correcto, fue dejando que Emily encontrase su salida al conflicto. Desde la distancia, sin intervenir directa ni abruptamente, pero tampoco abandonándola a la deriva, fue ayudando a Emily a superar su terrible pérdida.

Hasta que llegó un día en que Emily le propuso a su padre hacer una nueva mamá: una mamá de cartón.

Una vez superada la sorpresa inicial, el padre decidió seguirle el juego a su hija. Utilizaron varias cajas de zapatos, los cilindros de cartón de los rollos de papel de cocina y algunas pinturas y rotuladores que encontraron por la casa. Cuando terminaron, tenían una muñeca de cartón más o menos decente. Pero lo mejor de todo es que Emily estaba feliz y contenta por lo que habían hecho juntos. Sonriente y satisfecha con su obra, corrió a abrazar a su padre, algo que no ocurría espontáneamente desde hacía mucho tiempo.

Se sucedieron los días y el muñeco de cartón pasó a ocupar un lugar en la mesa mientras comían, en el sofá mientras veían los dibujos, en la mesita mientras hacían los deberes, en la cama mientras leían los cuentos o en el coche –con el cinturón puesto– mientras viajaban. La mamá de cartón cantaba con ellos, bailaba con ellos, daba su opinión... Emily incluso se la presentaba a las visitas y se lo contaba a sus amigos.

Un día, Emily le comentó a su profesora que quería presentársela a sus compañeros de clase, en una presentación, como si de un trabajo de clase se tratase. El padre se asustó un poco, pero en una reunión con los profesores y algunos profesionales de la salud mental decidieron que no solo era lo correcto, sino que posiblemente fuese lo más terapéutico que se podía hacer por Emily.

Emily llevó a su mamá de cartón a su clase y se la presentó a sus compañeros. En su discurso, para sorpresa de su padre (que estaba presente), contó todo lo que había supuesto para ella la pérdida de su madre, el dolor que había sentido, lo injusto que le había parecido y le seguía pareciendo su desaparición y lo mucho que la echaba de menos... Todos los días. Allí, frente a todos y agarrando de la mano a su mamá de cartón, Emily, por fin, había abierto su amordazado corazón.

Volvieron a casa y ambos, padre e hija, siguieron con su vida en común como mejor pudieron teniendo en cuenta el contexto en el que se hallaban. Emily creció y se convirtió en una adolescente sana y feliz, al menos tanto como todas las demás. Y la muñeca de cartón permanece en el trastero, pues nunca más la necesitó.

Este bonito –y tremendo– ejemplo es una historia real publicada por el diario británico *The Guardian* el 12 de febrero de 2017.[38] La mayoría de los padres habrían cortado esa locura de hacer una mamá de cartón desde el primer momento y más de un psiquiatra o psicólogo habría mandado medicar a la niña. Seguro que el padre de Emily también dudó en algún instante y probablemente pasó más de una noche sin dormir, llorando de angustia y de pena por el sufrimiento y la impotencia de no poder ayudar a su hija, y por la extraña deriva que estaba tomando aquel asunto.

Pero, yendo contra todos los temores que lo asaltaban y que lo ahogaban en su angustia, fue valiente y dio libertad a su hija para llevar a cabo aquello que proponía, por muy estrambótico que pudiese parecer.

Los niños, precisamente por ser niños, tienen un cerebro libre de prejuicios y normas establecidas cultural y socialmente, por lo que son mucho más intuitivos que los adultos. De hecho, como dijo Pablo Picasso: «Todos los niños nacen artistas. El problema es cómo seguir siendo artistas al crecer». De alguna manera, Emily entendió que ella necesitaba que físicamente su madre estuviese ahí,

38. Gorham, C. (2017). «How a mummy made of cardboard brought new life to my daughter». *The Guardian.* Disponible en: <https://www.theguardian.com/lifeandstyle/2017/feb/11/how-a-mummy-made-of-cardboard-bought-new-life-to-my-daughter>.

que esa era la mejor manera de lidiar con su repentina y dolorosa ausencia, aunque pareciese una locura que la sustituta fuese una caja de cartón. Pero lo cierto es que *parece una locura* para unos adultos criados y culturizados en la sociedad occidental y según los cánones de la *normalidad* imperantes en ella, pero para un niño, ¿es realmente una locura? Sinceramente, no.

Emily supo que necesitaba ese soporte físico para poder hablar, para poder representar escénicamente todo lo que quería decirle a su madre y que había quedado estancado en su cerebro sin poder salir. De esta manera, las emociones pudieron fluir sin restricciones y escapar de esa «cárcel cerebral» en la que estaban enquistadas.

A ningún adulto se le ocurriría hacer lo que hizo Emily, en gran parte porque le asaltaría el temor de estar volviéndose loco. También sería muy raro que algún terapeuta llegase a proponerle algo similar –aunque cada vez hay más–. De hecho, muchos estarían totalmente en contra y seguramente habrían propuesto cortar el proceso de raíz, lo que habría sido nefasto para la niña.

Por eso tiene tanto valor la decisión del padre de Emily –y de los profesionales que lo apoyaron– de haberla dejado llevar a cabo su idea.

Haber podido hacer aquello que su mente le pedía y que ella había decidido fue un proceso terapéutico en sí mismo, pero continuar con ello como si fuese algo normal –que lo era– y encontrar apoyo en su otra gran figura de apego (su padre), y después en su familia, en sus amigos y, finalmente, en todos sus compañeros de clase, fue para ella como un bálsamo catártico.

Poder compartir con todo el mundo que formaba parte de su red social aquello que había hecho y que estos lo aceptasen, lo aprobasen e incluso formasen parte de ello fue el impulso que su joven cerebro necesitaba para aceptar y superar la difícil situación por la que había tenido que pasar.

Imaginemos por un momento qué habría ocurrido si el padre de Emily, desde el primer instante, le hubiese dicho que eso era una locura, que nada de jugar a mamás de cartón, que recogiese esa basura y que se fuera a la cama a pensar en la estupidez que había hecho, reacción, por otra parte, que habría sido muy normal teniendo en cuenta que aquello era también muy doloroso para ese hombre, que incluso podría llegar a sentirse mal y hasta culpable por representar el recuerdo de su mujer como una muñeca de cartón y podría llegar a descargar ese descontento en forma de enfado hacia su hija.

La segunda opción

Es decir, saber, ante una situación difícil, tensa o estresante con nuestros hijos, respirar, relajarnos, aislarnos mentalmente del contexto –eso incluye gritos y lloros infantiles– y pensar con tranquilidad.

Puede resultar difícil al principio, pero con una cierta práctica lo conseguiremos y, ya relajados y con capacidad de razonamiento –no está de más recordar aquí que la emoción de la ira mengua el riego sanguíneo a la corteza cerebral, la parte pensante del cerebro–, será mucho más fácil escoger la opción correcta. Por eso llamo a este proceso «la segunda opción», porque la primera, cuando los niños nos ponen al límite, suele ser demasiado visceral e incorrecta.

Tal vez si el padre de Emily hubiese escogido lo primero que se le pasó por la cabeza –el relato no nos cuenta si lo hizo, igual sí y el día siguiente, ya más tranquilo y tras haber reflexionado, le permitió dar rienda suelta a la creatividad de la niña; rectificar es de sabios–, ella habría quedado bloqueada en ese punto: sus traumas, sus emociones negativas seguirían vivas y contaminando su memoria, su comportamiento, su conducta y sus capacidades cognitivas, la relación con su padre quedaría deteriorada y, casi con total seguridad, habría sido una adolescente –sino ya una niña– paciente de sesiones infinitas con psicólogos y psiquiatras.

Los beneficios de la libertad

Los niños encuentran su camino, y nosotros debemos estar ahí para apoyarlos y evitar que se caigan. O, mejor aún, dejándoles caerse, pero ayudándolos a levantarse una y otra vez.

En contra de lo que intuitivamente pensamos, dejar que los niños actúen por sí mismos les aporta seguridad. **Tener libertad para actuar y sentirse responsables del desempeño de sus actos les da confianza en sí mismos, los hace crecer**

como personas, como seres humanos completos, solidifica su autoestima y ensancha grandiosamente su autoconcepto. Y todo sucede de una manera real, porque se corresponde proporcionalmente con un resultado tangible: es algo que hacen ellos, que parte de ellos, con sus fallos y sus logros, y que existe en realidad –caerse y lastimarse es, literalmente, una buena dosis de realidad–.

Las entidades mentales como el apoyo, el elogio, la felicidad, la satisfacción o el logro tienen su **correlación** con el mundo exterior. Es por eso que el ego de los niños no se hipertrofiará ni necesitará ser protegido como una preciosa y frágil figurita de porcelana (como podría ocurrir en un niño premiado y elogiado de una manera exagerada y hasta fantasiosa), lo que nos llevaría, como vimos en el capítulo anterior, al narcisismo.

En el relato de Emily se encuentran representadas todas las facetas de la libertad que debemos usar en la educación de nuestros hijos –la **libertad para explorar**, la **libertad para expresarse** y la **libertad para decidir**–, para así conseguir que tengan un perfecto desarrollo psicológico destinado a la estabilidad emocional, la felicidad plena y el desarrollo cognitivo. Además, es muy ilustrativo, pues estudios han demostrado que los traumas infantiles afectan negativamente al cociente intelectual,[39] por lo que la libertad de decisión

39. Delaney-Black, V.; Covington, C.; Ondersma, S. J.; Nordstrom-Klee, B.; Templin. T.; Ager, J.; Janisse, J., y Sokol, R. J. (2002). «Violence exposure, trauma, and IQ and/or reading deficits among urban children». *Archives of Peditrics & Adolescent Medicine*, vol. 156, n.º 3, pp. 280-285.

otorgada a Emily no solo la ayudó a superar su terrible experiencia de pérdida y con ello alcanzar su equilibrio psicológico, sino que, además, afectará a su futuro desempeño intelectual y, si tenemos en cuenta los datos de epidemiología social, a su futuro académico y profesional.

Vayamos ahora con las formas de libertad que acabo de citar:

La libertad para explorar

Cuando decidimos tener hijos –y esta es una de las máximas de este libro– nuestro mundo se nos escapa y pasa a ser suyo. Y esto atañe al **espacio** y al **tiempo**:

Tiempo

La falta de tiempo es una circunstancia muy patente, de eso no hay duda: de pronto nuestras horas de ocio, incluido el ocio como sueño, se reducen drásticamente. Los bebés, los niños, marcan el tempo de la música y somos nosotros los que tenemos que adaptarnos a sus ritmos biológicos, nunca al revés, una realidad que no sería tan espeluznante si viviésemos en una sociedad que se preocupase de la importancia de conciliar la vida familiar y la profesional. Pero mientras ese aspecto no cambie, los padres y las madres estamos destinados a pasar una etapa de nuestras vidas deambulando como zombis en un mundo distópico.

Espacio

Resulta que, en cuanto aparecen, el espacio también pasa a ser de los hijos, y eso es algo que ya no parece tan obvio. En la mayoría de las conversaciones entre padres este aspecto no se tiene en cuenta o simplemente se omite por completo y, sin embargo, su importancia, tanto para los niños como para nosotros como padres, es vital.

Los niños vienen al mundo con un cerebro que es producto de una evolución de millones de años, pero que es, en lo que puede parecer una contradicción, el mismo cerebro con el que venían al mundo nuestros antepasados que vivían en las cavernas. Como ya se ha dicho alguna vez en estas páginas, el cerebro de un niño no sabe que vive en el siglo XXI, un siglo en el que impera la seguridad y existe luz artificial, calefacción y comida casi infinita. Pero el bebé está codificado para sobrevivir en la naturaleza salvaje, y esto no va a cambiar en mucho tiempo, o tal vez nunca, pues gracias a la medicina ya no hay selección natural y el proceso evolutivo en el ser humano casi se ha detenido.

Pero recapitulemos: **las reglas que sigue el desarrollo del cerebro de un niño pequeño son las mismas que las de hace cientos de miles de años**. Somos nosotros, los adultos, los que vivimos de manera antinatural. Así pues, si no queremos dañar el desarrollo correcto y estable del niño, hemos de ser nosotros los que modifiquemos nuestra conducta.

El bebé, como ser indefenso y desprotegido, no tiene por qué sufrir las consecuencias de esta locura de sociedad que hemos creado. Somos nosotros los que tenemos que hacer el esfuerzo por cambiar porque somos nosotros, también, los que estamos equivocados.

Si nuestras ciudades modernas restringen enormemente el espacio de juego y exploración y están llenas de coches y de peligros varios, las casas no tienen jardín y el interior carece de espacio libre, los niños ven muy acotado su terreno de desarrollo. Y si encima los muebles que copan los pisos son peligrosos, se pueden romper, rayar o ensuciar, y muchos guardan innumerables objetos que a su vez también son peligrosos y no se pueden manipular, **los pisos o casas se convierten en una cárcel para los niños.**

En el exterior no se pueden mover, y en el interior tampoco, y sucede que un cerebro hecho para el aprendizaje de las reglas de supervivencia no puede encontrar peor escenario. Por eso **tenemos que adaptarnos.**

Tanto en el exterior como en el interior, el niño ha de encontrar ese espacio para jugar, para explorar, para experimentar. Debemos dejarle que revuelva cajones, que esparza juguetes, que pinte en distintas superficies, que manche y se manche, que se suba a lo que quiera, que salte, que desmonte, que juegue, que invente... En definitiva, que conozca el medio en el que vive.

Por supuesto, como dije al principio, no vamos a dejar que el niño experimente con cerillas y gasolina o con lejía, pero porque embadurne con comida (alguna vez) la alfombra del salón no va a pasar nada. Tiene que entender que eso no se debe hacer, pero no debería recibir un castigo. Con la explicación y el razonamiento debe bastar. En su maravilloso mundo, eso es jugar, eso es normal y divertido. **No puede recibir una reprimenda por pasárselo bien**, su cerebro no lo entendería y, de hacerlo, estaríamos provocando un pequeño cortocircuito que ya no tendría vuelta atrás y que condicionaría su desarrollo emocional futuro.

La libertad para explorar significa que el niño debe conocer su entorno. Como he dicho antes, esta es una cualidad innata de nuestro cerebro: el conocimiento del hábitat para incrementar las posibilidades de supervivencia.

El niño debe subir escaleras, revolver cajones, sacar objetos, abrir grifos, gatear libremente, correr, subirse a columpios, agarrar palos, hojas, piedras, hacer agujeros en la tierra... Y nosotros debemos permanecer vigilantes desde la distancia, atentos a un posible peligro, y ayudarlo cuando sea necesario o cuando nos lo pida.

Un matiz: he utilizado la palabra «debe» en el párrafo anterior porque, realmente, es lo correcto y estamos obligados a obrar de esa manera: es un derecho del niño por el simple hecho de estar vivo y viviendo.

Diversos estudios han demostrado que **este tipo de educación hace que los niños desarrollen una mayor seguridad en sí mismos**. El experimentar y conocer el medio en el que viven aporta a su cerebro **seguridad**, porque aporta conocimiento de los peligros y de los apoyos de su entorno, lo que a la postre significa aumentar las probabilidades de sobrevivir. Esto se traduce en un mayor bienestar psicológico y este, a su vez, en una mayor salud en general.

Por eso las mudanzas son siempre un poco dramáticas: nuestros cerebros nos alertan de que estamos dejando un lugar conocido donde casi todo está bajo control y nos vamos a uno nuevo en el que no sabemos nada ni de los peligros y las amenazas ni de las zonas de seguridad.

Conocer el entorno implica mayor supervivencia, así es en la naturaleza y así sigue siendo en las sociedades modernas, aunque los depredadores de la época de las cavernas se hayan cambiado por dificultades nuevas, como encontrar trabajo o llegar a un nuevo barrio, conocer a los vecinos o averiguar dónde están el supermercado y el centro de salud más cercanos. Pero el fin sigue siendo el mismo.

Pues bien, al cerebro de los niños le ocurre exactamente lo mismo, pero a menor escala: la exploración libre de su medio le permite adquirir una gran seguridad y, como he repetido varias veces durante el libro, **la seguridad (que abarca la estima y el autoconcepto) es el pilar fundamental sobre el que se erige la catedral de la personalidad.**

Sin la seguridad estamos perdidos, y su falta conlleva la inestabilidad emocional y, a la larga, los problemas psicológicos. Que nuestros hijos adquieran esa seguridad debe ser el objetivo primordial de la educación, pero no nos confundamos: **sobreprotegiéndolos no les proporcionaremos esa seguridad, al contrario, se la destruiremos.**

La seguridad se la proporcionaremos dejándolos que exploren en libertad, simplemente vigilando desde la distancia adecuada para que puedan acudir a nosotros en cualquier momento. Al principio esa distancia será de unos escasos metros y con el paso del tiempo la iremos incrementando poco a poco, hasta que, ya en la edad adulta, será la que marque la cobertura del teléfono.

Íntimamente ligada a la libertad de exploración, está la **libertad para conocer los límites de sus capacidades**, que viene siendo una exploración más íntima.

Libertad para conocer los límites de sus capacidades

Por supuesto, también es algo que le aporta al niño seguridad en sí mismo, ya que le facilita la información necesaria para saber qué puede y qué no puede hacer. En los niños este es un proceso dinámico, y es por eso mismo que **no se debe limitar nunca**. A medida que va creciendo, el niño va aumentando sus capacidades físicas de interacción con el entorno así como su estabilidad para su desempeño. Debido a esto, ningún conocimiento acerca de nuestras capacidades es fijo, y mucho menos en las primeras etapas de nuestra vida. **Hay que dejarlos en libertad para que actualicen sus conocimientos personales.**

Cuando venimos al mundo no sabemos nada, tan solo disponemos de unos pocos instintos que nos indican lo básico para sobrevivir: succionar, llorar y poco más. Con respecto a otros animales, nuestra etapa de gestación es muy corta, por eso nacemos tan indefensos y dependientes.

Pero esto es así precisamente para permitir que nuestro cerebro aprenda del entorno en el que vive, incluidos los padres como integrantes de este entorno. Si la gestación durase más, naceríamos con un cerebro más maduro, seríamos menos dependientes e indefensos, pero **nuestra capacidad de aprendizaje estaría más limitada**, nuestro cerebro no sería tan «plástico» como lo es cuando somos bebés.

Entre los primates –raza a la que nosotros pertenecemos– existe una correlación directa que demuestra que **cuanto más dependientes son las crías, más inteligentes son en la etapa adulta.**[40] Esto no significa que cuanto antes nazcamos, mejor, porque, ojo, los nueve meses hay que cumplirlos. Los niños prematuros, de hecho, no aprenden más debido a que su cerebro aún no está en el estado óptimo de formación. Sin embargo, a los nueve meses de gestación, aunque la faceta motora de nuestro cerebro no esté desarrollada, sí está en su punto óptimo respecto a la faceta del **aprendizaje**, por eso somos esponjas de información: venimos a aprenderlo todo, y a una velocidad increíble.

Aunque ya se aprenden algunos conceptos dentro del útero materno, este aprendizaje no tiene nada que ver con el que se realiza en el exterior. El niño es un científico por naturaleza, por instinto, más bien. Su curiosidad lo impulsa a probar qué puede hacer con los objetos que encuentra, a preguntarse qué hay a su alrededor, cómo es el lugar que habita y qué puede hacer él para sobrevivir ahí.

40. Piantadosi, S. T., y Kidd, C. (2016). «Extraordinary intelligence and the care of infants». *Proceedings of the National Academy of Sciences*, vol. 113, n.º 25, pp. 6.874-6879.

Así que, **ya desde el inicio, el bebé prueba qué puede y qué no puede hacer.** Pero, sobre todo, es cuando empieza a valerse un poco por sí mismo, cuando comienza a gatear y luego a andar, cuando este proceso se incrementa exponencialmente. Esta iniciativa que tiene para moverse por su entorno **no puede ser frenada.** Por eso, aunque al principio nos dé miedo, estamos obligados a dejar que el niño se mueva libremente, intente ponerse de pie, pretenda soltarse, ambicione caminar aunque se caiga, quiera subir y bajar escaleras, etcétera.

Si nosotros mostramos cualquier signo de alarma desorbitado ante cualquiera de estas conductas o lo sobreprotegemos o limitamos, él **interpretará que está haciendo algo malo, cuando precisamente es todo lo contrario.**

Lo que debemos hacer ante estas conductas es incentivarlas, siempre desde la prudencia y con cierta vigilancia, porque eso estimulará su desarrollo motor y, como consecuencia, su desarrollo cognitivo. Además, hará florecer su autoconfianza, su seguridad en sí mismo, su autoestima, su capacidad analítica, su capacidad para evaluar posibilidades, problemas y soluciones, etcétera. Empezará a conocerse a sí mismo.

En esta etapa de la vida no hay nada más provechoso que podamos hacer por favorecer el correcto desarrollo psicomotor de nuestros hijos que dejarlos probar, experimentar y moverse por sí mismos. Nosotros podemos explicar las directrices de lo que quieren hacer, advertirles sobre los posibles peligros y cómo evitarlos, pero después simplemente tenemos que apartarnos y dejarlos, ellos solos lo lograrán. Quizás al principio les resulte difícil, pero su cerebro enseguida aprenderá cómo deben moverse, subir, correr…

> Como consecuencia de esto, el «programa» de ejecución ya quedará implementado para cualquier otra nueva situación. De esta manera el niño no solo habrá aprendido y consolidado cómo abordar ese problema específico, sino que esa manera de actuar, esa manera de pensar, esa manera de analizar y solventar la situación ya quedará guardada para poder ser utilizada en otras vicisitudes con las que se encuentre en el discurrir dentro de su pequeño mundo. Y eso, por supuesto, tendrá su continuidad en el futuro, cuando ya sea un niño más mayor, cuando ya sea un adolescente y también cuando sea un adulto.

Quién diría que es tan importante dejarle probar a subirse solo al sofá…

Saber cuáles son sus destrezas y sus limitaciones los ayudará, además, a frustrarse menos cuando no sean capaces de hacer algo, y a entender que hay cosas que no saben o no pueden realizar, y que no pasa nada, es más, que eso es lo normal, que hay gente que sabe realizar unas actividades y gente que sabe hacer otras. Esto, como se ha visto anteriormente, es uno de los principios básicos para **evitar la –fácil– caída en el narcisismo. Dejándolo experimentar con su cuerpo y sus habilidades el niño ganará independencia, seguridad, confianza, responsabilidad y potencialidad.** Si siempre le resolvemos nosotros los problemas o, peor aún, si nunca lo dejamos experimentar por miedo a que no sea capaz o a que estropee algo, estaremos **cortando su desarrollo, minando su autoconfianza** y, como consecuencia, **frenando su aprendizaje y su desarrollo cognitivo.**

Libertad para expresarse

Los niños tienen emociones, cualquiera que sea padre lo sabe, bien sea por las rabietas y los lloros a miles de decibelios, o bien por los momentos de infinita, pura y sincera alegría que provoca el simple hecho de ver entrar a un miembro de la familia por la puerta. Y, además, la velocidad de ciclación entre la ira y la felicidad es vertiginosa, muy próxima a la de la luz… Lo que ocurre es que, o bien porque no hablan o porque aún no saben ni reconocer ni comunicar esas emociones, tendemos a ignorar que las sufren y padecen o a menospreciarlas. Al fin y al cabo, son niños y no tienen hipotecas.

Este es el grandísimo error del egocentrismo humano: no somos capaces de salir de nuestra burbuja de realidad y meternos en otras, incluidas las de nuestros hijos.

Los niños no tienen hipotecas ni se van a quedar sin empleo, pero en su mundo eso no existe, no saben lo que es, por lo tanto, no se pueden preocupar por ello. Para su cerebro, el no encontrar su juguete preferido puede ser igual de importante que lo es para nosotros llegar a fin de mes. De hecho, para su cerebro, que su madre no vaya a dormir a casa esa noche porque tiene que ir a un viaje por trabajo puede ser mucho más grave en el plano emocional que para nosotros quedarnos sin empleo. Pero ellos, como su cerebro es mucho más plástico y maleable, y su mundo mucho más rico, divergente y lleno de posibilidades, enseguida encuentran una salida. Nosotros, en cambio, estamos paralizados, anclados a nuestros cuatro problemas, con lo que se nos acaba el mundo con cada revés.

Tendríamos que ser «más niños», porque de lo contrario nuestro cerebro puede llegar a enrocarse en un bucle infinito en ese pensamiento que nos preocupa y ya nunca más salir de ahí, llevándonos a caer en la depresión y hasta en la autodestrucción. Pero, en fin, ese es tema de otro libro y lo trataré en otro momento.

Así pues, **los niños, por supuesto, tienen emociones, pero carecen del lenguaje y el conocimiento para saber lo que les pasa por la cabeza. Por eso es tan importante educarlos emocionalmente**.

Hoy en día se empieza a tener mucho en cuenta el enseñar meditación a los niños con el objetivo de favorecer su regulación emocional. Me parece un gran acierto. Pero, además, de este tipo de enseñanzas (que recomiendo encarecidamente si en vuestra ciudad existe la posibilidad, unida a la ya más extendida «educación emocional»), nosotros, en nuestras casas, podemos aportar nuestro granito de arena para que este tipo de conocimiento forme parte de nuestros pequeños. Es más, si nosotros en casa no lo hacemos, no servirá de nada que los apuntemos a miles de cursos, aunque los imparta el mismísimo dalái lama, ya que para los niños lo que hagan y digan los padres es mucho más importante y significativo que lo que diga el más erudito de los sabios mundiales.

Como ya he apuntado en otros apartados de este libro, existen hoy en día numerosos recursos, como libros o películas, para educar emocionalmente a nuestros hijos. No dejemos de utilizarlos. **Ahora bien, además de conocer las emociones, además de saber poner nombre a lo que bulle en su cabeza, es muy importante incentivarlos y darles libertad para que las expresen.** Y expresar las emociones no significa que los dejéis chillar y llorar hasta que estallen los cristales o que les permitáis romper los jarrones de casa a patadas; dejarlos que se expresen significa dejarlos jugar con plastilina o embadurnarse la cara con pinturas o, como Emily, extrapolar sus emociones y sus preocupaciones a un muñeco de cartón.

Emily tenía una depresión profunda, pero ella no lo sabía ni conseguía comunicarlo. Lo único que tenía claro era lo que necesitaba para sentirse mejor. Su cerebro se lo pedía: hacer algo, cambiar la situación. Nosotros, los adultos, también poseemos esa clarividencia, pero como en nuestro complejo mundo hacemos entrar en juego otras muchas variables nos confundimos y no encontramos la solución. Por eso existen los psicólogos, para ayudarnos a ver esa salida que nosotros ya hemos perdido de vista. Los niños, en cambio, aún poseen ese don, y nuestra misión es, como mínimo, no silenciarlo con montañas de *adultismo*.

Seamos inteligentes, dejemos a los niños ser niños.

A un niño no podemos sentarlo en un diván y preguntarle cómo se siente. En primer lugar, porque no sabría qué contestar y, en segundo, porque se aburriría y se levantaría a los tres segundos. **En vez de cometer el error de transformarlos en adultos, tenemos que convertirnos nosotros en niños**, hacer el esfuerzo de bajar de nuestro tren de la vida planificada y montarnos en el del caos, la imaginación y la improvisación. El padre de Emily dudó en hacerlo porque era algo demasiado anormal para la vida estructurada de los adultos, pero finalmente se armó de valor y saltó, y el resultado fue el mejor de los posibles para ambos.

Pero si en el día a día, a base de prohibiciones, regañinas y normas absurdas, vamos limitando esa libertad de expresión, cuando el niño la necesite no va a ser capaz de acceder a ella porque estará enterrada en lo más profundo de su cerebro, bajo capas y capas de mundo adulto.

Si tenemos niños, hemos de ser conscientes de lo que eso significa: nuestro salón ya no será nunca más un salón normal, será un híbrido entre salón y cuarto de juegos. Y debe ser así para que ellos se desarrollen psicológicamente de la manera más estable y sana posible. Pensémoslo un instante: ¿qué es más valioso para nosotros, que se destroce un sofá o que nuestros hijos superen/acepten/afronten una depresión? Si vuestra respuesta es del tipo: «Hombre, pero es que tampoco tiene por qué pintar un sofá», recapacitad un momento. Un sofá, aunque sea el mejor del mundo, es un simple objeto material, un niño es un ser humano. Una pared se puede volver a pintar, un suelo se puede fregar, pero un ser humano es infinitamente más vulnerable, más valioso y difícil de reparar.

Lo que ocurre es que nuestra sociedad nos ha incrustado en el cerebro que los objetos materiales son importantes, pero debemos planteárnoslo del siguiente modo: si mañana hay un apocalipsis nuclear, ¿de qué nos vale un sofá?, ¿de qué vale que la ropa sea de Dolce & Gabbana? Los bienes materiales no tienen valor real, tienen el valor que la publicidad nos hace creer que tienen. Es un valor de celofán, superficial, inventado. Estamos hipnotizados y equivocados hasta tal punto que nos preocupamos más de un coche que de un ser humano.

Debemos revertir todas esas creencias erróneas; no será fácil, porque el poder de la publicidad y del materialismo es enorme, pero estamos obligados a hacerlo por el bien de nuestros hijos –y de nosotros mismos, y de la sociedad en general–. Hay que salir de esa rueda en la que estamos metidos como hámsteres enloquecidos. Tenemos que volver a ser seres humanos, tenemos que volver al «ser» –aunque su levedad sea insoportable–[41] y dejar de darle importancia al parecer.

Dejemos que nuestros niños pinten, se ensucien, salten, bailen, canten, toquen –o aporreen– instrumentos musicales, moldeen, monten, creen y escriban (cuando sepan hacerlo). **Dejemos, en definitiva, que los niños jueguen libremente y observémoslos desde la distancia, o participemos, pero que sean ellos los que lleven el timón de la**

41. Kundera, M. (2008). *La insoportable levedad del ser*. Barcelona: Tusquets.

nave espacial de la imaginación. Al principio tendremos que guiarlos, su cerebro no está preparado para crear una historia –dibujo, objeto, pieza musical...– con la que jugar y expresarse, pero una vez que hayamos sembrado esa semilla les estaremos regalando un tesoro infinito de recursos creativos para su uso y disfrute. Así, cuando ellos quieran y así lo sientan, podrán encontrar soluciones a sus vicisitudes internas en la creación y la expresión, que, para ellos, en el fondo no será más que una variante del juego.

Emily nunca se planteó que fabricar una mamá de cartón fuese una terapia psicológica de primer nivel, su cerebro llegó a esa solución como una nueva modalidad de jugar: representar en la realidad aquello que bullía en su imaginación. Si su padre nunca hubiera jugado con ella en el pasado, si Emily no tuviese activados esos mecanismos en el cerebro, jamás se le habría ocurrido tomar esa iniciativa. Si su padre no la hubiera apoyado a la hora de llevar a cabo esa idea, es decir, de jugar con ella al juego de la mamá de cartón, Emily aún seguiría hoy con ese trauma, al que casi con total seguridad puedo afirmar que se habrían sumado multitud de nuevos trastornos.

Libertad para decidir

Esta libertad es la que *a priori* parece más difícil de aceptar. No nos parece normal –y en principio no lo es– que un niño pueda decidir si se baña o no, si se lava los dientes o no, si se toma la medicina o no, si come o no. Pero si nos paramos a pensar un poco en ello comprenderemos que muchas de esas negativas y rabietas de los niños son en realidad una especie de rebelión hacia el orden establecido, hacia la miríada de normas que les impone el mundo adulto –muchísimas de ellas necesarias para su supervivencia, por supuesto–.

Ahora bien, **si en vez de imponer normas a los niños porque sí, se las explicamos y, mejor aún, los hacemos partícipes de su elaboración (siempre razonando el porqué de cada cosa e incluso cediendo en pequeños detalles) todo cambiará.**

Pondré un ejemplo: los niños pueden decidir si escuchar música para niños en el coche o no y nosotros aceptaremos el resultado. No se acaba el mundo, puedo asegurarlo.

Los seres humanos nacemos libres y, aunque en nuestros genes se encuentra codificado que debemos obedecer –más bien imitar– a nuestros padres o a otros modelos para sobrevivir, también estamos programados para reaccionar negativamente ante la injusticia y la limitación de libertad.[42] También es cierto que si la imposición es continua, inflexible e inmodificable, terminaremos por perder la esperanza de cambio y nos amoldaremos.[43]

Con esto no quiero decir que el método autoritario no funcione, simplemente expongo que **no es lo correcto si de-**

42. Blake, P. R.; McAuliffe, K.; Corbit, J.; Callaghan, T. C.; Barry, O.; Bowie, A.; Kleutsch, L.; Kramer,K. L.; Ross, E.; Vongsachang, H.; Wrangham, R., y Warneken., F. (2015). «The ontogeny of fairness in seven societies». *Nature*, vol. 528, n.º 7.581, pp. 258-261.
43. Carlson, N. R. (2010). *Psychology: the science of behaviour*. Canadá: Pearson.

seamos criar a niños felices, inteligentes y estables emocionalmente para que construyan una sociedad y un mundo mejor.

Si a los niños les enseñamos el porqué de las normas, ellos –casi siempre– decidirán lo correcto. Algunas veces tendremos que obligarlos, pero muy pocas, y cuando lo hagamos siempre **debemos explicarles las razones, porque, si no, en su cerebro la animadversión hacia lo obligado no hará más que crecer.** Las explicaciones deben empezar desde que salen del útero materno, aunque no nos entiendan.

Es fundamental perder el miedo a que ellos **participen en la toma de decisiones.** Por supuesto, no podemos pedirles su opinión sobre a qué banco solicitar un préstamo, pero no es una aberración, en cambio, pedirles su opinión acerca de si comprar un piso o una casa, aunque tan solo tengan cuatro años. Esto tiene todo el sentido del mundo aunque no lo parezca, e igual puede enseñarnos a ver estos asuntos desde una perspectiva que ya teníamos olvidada y que suele ser más correcta.

Hablar y razonar con los niños, integrarlos en nuestras conversaciones –y, por supuesto, jugar con ellos y participar en sus universos–, no solo es bueno para ellos y su correcto desarrollo, ejerce un poder sanador en nosotros. Casi como la meditación. Normalmente en nuestras decisiones tenemos en cuenta muchas variables que realmente no son importantes, pero que la contaminación de la sociedad adulta nos presenta como de primer orden. Estos factores lo único que consiguen es emborronar por completo el lienzo, ocultando las acciones que son verdaderamente esenciales. Esas las ven los niños con total agudeza, por eso **no es en absoluto atolondrado escucharlos y tenerlos en cuenta.** De hecho, es lo correcto.

Este ejercicio de libertad de decisión puede comenzar incluso desde que son bebés. No es necesario esperar a que sepan hablar o hasta que creamos que tengan capacidad de razonar (ya he dicho anteriormente que esta capacidad aparece mucho antes de lo que creemos). Realmente no es complicado, los bebés siempre muestran sus preferencias, solo hay que fijarse un poco.

Por supuesto, estas decisiones siempre estarán condicionadas por lo que exista en su entorno, pero incluso sobre esos objetos, lugares, comida, etcétera, pueden decidir. Simplemente podemos dejar al bebé gatear en libertad para que escoja los juguetes con los que quiere jugar y cómo quiere jugar con ellos, o elegir la música que quiere escuchar o, incluso, si desea o no seguir comiendo. Observando un poco podremos ver cuáles son sus preferencias y actuar en consecuencia. Determinados dibujos, determinada música o determinados juguetes captarán mucho más su atención y durante más tiempo. Si nos fijamos un poco, nos daremos cuenta de esto a ojo. **Prestando atención al tiempo que le dedica a cada evento o a los sonidos y palabras que más pronuncia, o a lo que más lo hace sonreír, podemos actuar en consecuencia.** De esta sencilla manera estaremos dejándolo decidir un poco sobre su vida. **Y su pequeño cerebro se dará cuenta de que existe esa libertad y de que puede ejer-**

cerla. Esa realidad quedará grabada en sus neuronas, y así ya quedará implementada para el futuro, con todos los efectos beneficiosos que ese pequeño acto tendrá para su psicología.

Respecto a la **comida**, existe un decreto mundial socialmente aceptado sobre que los niños tienen que acabarse todo lo que les ponemos en el plato. Pero realmente, si hacemos una búsqueda científica del tema, comprobaremos que no existe nada estudiado. Cuando son bebés, las raciones de biberones y cereales sí están muy bien cuantificadas, y hasta llega un punto en el que el pediatra recomienda: «Lo que demande» (que, por otra parte, si la alimentación es con leche materna, es la única «unidad de medida»).[44]

Pero tras los primeros meses, cuando pasamos a la alimentación tipo adulto, de masticar, ya interviene la regla, no sé por qué, de «acabarse lo que hay en el plato» sin que ese «lo que hay en el plato» se haya cuantificado alguna vez. Ya es hora de romper ese mito urbano: **si el niño no sufre desnutrición, si mantiene un desarrollo normal, si come más o menos de todo, si no tiene ninguna carencia bioquímica, si está en su percentil de talla y peso, los niños deberían comer hasta que ellos quisieran**, igual que hacemos nosotros. ¿O es que alguien, una vez que se ha saciado, sigue comiendo porque un amigo le dice que siga? Entonces, ¿por qué se lo hacemos a los niños? No tiene sentido.

44. Klaus, M H. (1987). «The frequency of suckling. A neglected but essential ingredient of breast-feeding». *Obstetrics and Gynecology Clinics of North America*, vol. 14, n.º 3, pp. 623-633.

Y si alguien quiere refutar esta afirmación, por favor, que primero se establezca una medida estándar de «lo que haya en el plato», si no, toda afirmación será incoherente.

Sin embargo, esto que acabo de señalar, dejar decidir a los niños qué comida y cuánta cantidad quieren ingerir, que parece muy obvio, resulta un escándalo para la mayor parte de la población. Pero no debemos dudar, **dejémosles decidir cuándo parar de comer, siempre dentro de los límites coherentes para su salud**.

El *mal* que acarrea esta libertad que les otorgamos a los niños es el gran problema de la democracia: que lo que escojan nuestros hijos puede que no nos guste.

¿Y si resulta que nosotros somos unos amantes del fútbol y nuestros hijos no miran un balón ni de reojo, pero, sin embargo, se pasan horas jugando con un xilófono? Pues lo correcto, siempre anteponiendo a todo el bienestar psicológico de los niños, su estabilidad emocional y su potencialidad cognitiva, sería comprarnos un libro sobre instrumentos musicales, leerlo y sentarnos después las horas que haga falta a jugar con ellos. Eso vale más que todo el dinero del mundo.

Apoyémoslos en sus decisiones, participemos en lo que los ilusiona sin ningún filtro ni prejuicio, felicitémoslos por sus logros, y la psicología de nuestros hijos florecerá por inercia. Aunque su decisión sea tan original y extraña como hacerse una nueva mamá con cajas de cartón.

A veces lo más complicado se puede conseguir de manera muy sencilla, pero la sociedad lleva mucho tiempo haciéndolo mal y luchar contra esas costumbres puede costar una eternidad.

RESUMEN DEL CAPÍTULO

- Démosles a nuestros hijos libertad, recogeremos estabilidad emocional, felicidad e inteligencia.
- El tiempo de nuestra vida es suyo, y el espacio también. Nuestro salón ya no es un salón, es un híbrido entre un cuarto de juegos y un sitio donde ver los dibujos de la televisión.
- Los tres puntales de la libertad en la educación de nuestros hijos son: la libertad para explorar su entorno y sus propias capacidades y limitaciones; la libertad para expresarse, lo que implica pintar paredes, cantar, bailar, hacer cabañas con los muebles del salón, etcétera, y la libertad para decidir, que comprende incluso la libertad de no comerse todo el brócoli.
- Un niño vale más que un sofá o un televisor. Si jugando a lo que sea se rompe algo, no hagamos un drama ni lo castiguemos. Simplemente hagámosle entender que debe tener más cuidado.
- Aunque nos dé miedo, debemos dejarlos jugar en libertad, subir escaleras, subirse al sofá, correr solos por el parque. Siempre estaremos cerca para ayudarlos, pero dejémosles su espacio. La seguridad en sí mismos crecerá. Y ese es el pilar fundamental para una correcta estabilidad psicológica.
- Tengámoslos en cuenta en las decisiones de las normas de la casa, tanto si son importantes y fundamentales como si no lo son. Una pequeña concesión sin importancia se multiplicará por mil en cuanto a beneficio para su psicología.
- Si incentivamos las tres facetas de la libertad en la educación, cuando los niños se encuentren ante un problema, sobre todo emocional, tendrán en su cerebro infinidad de recursos

para resolverlo. Simplemente apoyémoslos y participemos en su juego. Nunca los juzguemos.

- La democracia implica que sus decisiones pueden no gustarnos o puede que no estemos preparados para ellas. Bajémonos del tren de los adultos y subamos al de ellos, apoyémoslos y participemos de sus elecciones.

Y recordad: no lo digo yo, **lo dice la CIENCIA.**

9. Criar a un ser humano para un mundo de lobos: el colchón, el traje espacial de plástico de burbujas y la habitación acorazada multidimensional

La gran pregunta

Es inevitable que en algún momento de la crianza de un hijo nos planteemos si estamos haciendo lo correcto, si criar a un poeta para un mundo dominado por hienas no va a hacer que viva toda su vida sufriendo; si debemos criar a un ser humano racional y compasivo para que viva en una sociedad en la que solo se buscan robots automatizados para que la maquinaria siga girando, en la que se mide la valía de una persona por el dinero que gana y los bienes que posee, en la que las humanidades quieren ser erradicadas porque no son necesarias para crear hormiguitas que trabajen en las cadenas de producción, en la que el amor ha sido sustituido por el sexo, en la que se valora más a un tipo que le pega patadas a un balón que a uno que descubre la vacuna del sida... Si no, estaremos creando a un ser destinado a ser un eterno *outsider*, a no encajar, a ser condenado al ostracismo, con todas las consecuencias negativas que eso conllevará para su psicología.

Es inevitable que lo pensemos. En la sociedad de hoy en día no hay sitio para lo racional ni para lo emotivo, incluso me atrevo a decir que no hay sitio para la inteligencia. No hay espacio para el amor ni para las relaciones sociales sinceras.

Lo que se premia es el egoísmo, el narcisismo, el consumismo descontrolado, el triunfar a toda costa sin importar los medios utilizados (entendiendo por triunfar tener un coche más grande, no ganar un Premio Nobel). Por lo tanto, será muy fácil dejarse llevar por la corriente en la que la competición infinita y sin sentido, el *self* y los selfis, el estilo de educación donde el egoísmo, el individualismo, la obsesión por el éxito sin tener en cuenta cómo se consigue, el materialismo, el consumismo y el narcisismo son los ejes directores. Lo cual, como hemos visto a lo largo de este libro, lo único que crea es seres desequilibrados e infelices que ocasionan multitud de problemas a sus familias, a sus amigos, a sus parejas y a la sociedad.

Es inevitable que pensemos: ¿realmente merece la pena?, ¿no será mejor criar a un sociópata narcisista?, ¿educarlo para que tenga amor al dinero y al egoísmo?, ¿para que aprenda a obedecer sin rechistar y no a razonar?, ¿que solo busque la productividad y se deje de filosofar?, ¿que prefiera comprar y tener antes que aprender?

Pero, como otras veces en las que el modelo neoliberal nos ha engañado, esto sería un error, y lo sería porque, como seguramente hemos podido experimentar en nosotros mismos, tener un televisor más grande que el del vecino, el consumismo de miles de cachivaches inútiles o el operarnos para parecer más jóvenes no nos da la felicidad. Como cualquier otra droga, estas conductas, como mucho, nos proporcionan un pico de alegría similar –incluso en el plano fisiológico– al que nos suministra el consumir una cucharada de azúcar. Ese momento es transitorio, es un átomo puntual de tiempo, y precisamente por eso nos hace adictos a esas pequeñas dosis que se disuelven rápidamente: *likes*, retuits, titulares de noticias, *trending topics*, primas económicas, elogios desproporcionados, etcétera. Todo eso no puede ser el objetivo último de la acción, porque no proporciona un estado de bienestar psicológico estable a largo plazo, es tan solo una ilusión, una zanahoria inalcanzable que siempre se escapa. Y creo que estamos todos de acuerdo en que eso no es lo que queremos para nuestros hijos.

Lo que aporta el método cognitivo-emocional a los niños

Un niño o una niña educado con el método cognitivo-emocional descrito en este libro será un niño o una niña:

- Con una gran seguridad y estabilidad emocional.
- Con una autoestima segura y verdadera.

- Capaz de afrontar los problemas y las dificultades que le surjan en su devenir vital.
- Coherente, preparado para entender su mundo de una manera racional y crítica y, por lo tanto, capaz de optimizarlo.
- Que no acatará las normas si no son justas, si no son lógicas o si no tienen razón de ser.
- Que se rebelará ante la falta de libertad y ante la imposición por la fuerza, ante la violencia y la injusticia.
- Que hará frente a la agresión a los derechos humanos.
- Que será empático, generoso y prestará ayuda y colaboración a los necesitados.
- Que no será egoísta, materialista ni un consumista descontrolado.
- Que tendrá sensibilidad artística.
- Que tendrá conciencia ecológica y cuidará de su entorno.
- Motivado por realizar actividades y logros, pero que no aplastará al prójimo ni trampeará para conseguirlos.
- Con pasión por el aprendizaje y a quien, para ello, no le importará salir de su zona de confort.
- Que no tendrá miedo ante los cambios ni ante las novedades.
- Que ante los problemas verá oportunidades y retos y sabrá aprovecharlos.
- Que sentirá profundamente los choques emocionales que sufra, pero que no se hundirá, sabrá levantarse y seguir adelante.
- Que será compasivo.

- Que sabrá apreciar las pequeñas cosas buenas de la vida, la magia de los pequeños momentos.
- **En definitiva, será un ser humano completo, que estará vivo y viviendo.**

La importancia de la estabilidad emocional

Un niño o niña estable emocionalmente será un niño o niña con la cabeza despejada, que podrá disponer de todos los recursos intelectuales de los que disponga para afrontar los retos que tenga en su vida. Será feliz, tendrá una autoestima sólida y segura, será optimista y realista. Su capacidad de razonamiento no se verá bloqueada ni obnubilada por ningún recuerdo traumático, por ningún conflicto no resuelto, por ningún complejo, por ninguna fobia oculta ni por ninguna emoción atrincherada en su intelecto... Y eso es contar con un set de herramientas monumental para afrontar la vida.

Un cerebro libre y siempre limpio de cualquier porquería que pueda atascar el fluir de los pensamientos, ideas y razonamientos. Un campo de hierba llano y fresco por el que poder correr a toda velocidad sin que el barro de los conflictos psicológicos atasque sus zapatos.

Al educar a nuestros hijos siguiendo el método cognitivo-emocional estaremos construyendo para ellos, para siempre, un **colchón enorme que amortiguará todas las caídas que puedan sufrir en su vida.** Da igual que los echen del trabajo, que suspendan un examen, que se rompa su relación sentimental, que se vaya al traste un proyecto profesional... Siempre caerán sobre blando. Y al ocurrirles un revés de ese tipo –que ocurrirá, estadísticamente es imposible que no ocurra, tenemos que aceptarlo cuanto antes, la vida es así, no existe la perfección eterna, solo momentos buenos y momentos malos–, aunque les haga daño, no los destrozará, con lo que les permitirá seguir adelante.

Al educar a nuestros hijos siguiendo el método cognitivo-emocional les habremos proporcionado para siempre **un traje espacial de plástico de burbujas** que les permitirá recibir golpes sin que les afecten, que los protegerá de la violencia de la sociedad –y de los seres humanos que la habitan–, manteniéndolos siempre en equilibrio, sin que se perturbe su estabilidad.

Al educar a nuestros hijos siguiendo el método cognitivo-emocional, estos poseerán para siempre un reducto psicológico en el que aislarse de todo el bullicio mundanal, una especie de **habitación acorazada situada en un universo paralelo a la que nadie puede acceder y en la que podrán refugiarse para pensar tranquilamente, sin el influjo del exterior, incluidas sus propias emociones.**

En esta habitación tomarán sus decisiones, desarrollarán sus habilidades sociales, resolverán sus conflictos personales, encontrarán las soluciones a todas las vicisitudes que se les presenten en la vida, apaciguarán su ira, sopesarán los costes y los beneficios de su conducta, meditarán, guardarán botecitos llenos de amor, afecto, cariño, abrazos, justicia y buenos recuerdos, soñarán, plantearán sus objetivos vitales, reflexionarán sobre lo que ocurre en su entorno y separarán lo trivial de lo verdaderamente importante.

Estos tres tesoros se los proporcionaremos a nuestros hijos al educarlos según el método cognitivo-emocional. Surgirán de la nada de manera natural, solo tenemos que hacer lo correcto:

Siempre explicar y razonar.
Siempre apoyar sus proyectos, en los éxitos y en los fracasos.
Siempre ayudar a entender.
Siempre ayudar a reconocer y expresar las emociones.

Por lo tanto, aunque de vez en cuando dudemos, aunque nos parezca que no habrá sitio para ellos en este mundo extraño, quitémonos eso de la cabeza porque, aunque es cierto que un niño o una niña inteligente, racional, emocionalmente estable, comprensivo, creativo, empático, solidario, crítico y compasivo no encajará fácilmente en esta sociedad despiadada, atroz y selvática que hemos creado, debemos tener por seguro que encontrará el modo de adaptarse perfectamente a ella. Porque al educarlo según este método le habremos proporcionado las claves para afrontarla, tomar las riendas y, por supuesto, si se da el caso y las circunstancias históricas adecuadas, transformarla.

RESUMEN DEL CAPÍTULO
(Y DEL LIBRO ENTERO)

- Enseñemos a nuestros hijos a razonar y serán capaces de dominar el mundo (su mundo).
- Expliquémosles y démosles una razón para todas las normas que apliquemos en su educación. Eso les hará saber que el mundo tiene un sentido y les dará seguridad.
- Dejémoslos explorar y tomar riesgos controlados. Eso les aportará seguridad y confianza en sí mismos. No los sobreprotejamos (en los parques infantiles suele haber columpios diseñados para asumir riesgos controlados, podemos empezar por ahí).
- Enseñémoslos a reconocer y expresar sus emociones –saber lo que pasa en sus cerebros, qué es estar enfadado o triste, por qué están enfadados o tristes y que, cuando están enfadados o tristes, no son capaces de pensar correctamente–: lo sayudará enormemente a controlar la situación.
- No estamos educando a nuestros hijos para el presente, los estamos educando para el futuro, y el futuro no sabemos cómo será. Nuestro mundo no será su mundo. Enseñémoslos a razonar, a no tener miedo al cambio, a afrontar los problemas, a cuestionar... Y así serán capaces de resolver todo lo que se les presente en su vida.
- Apoyémoslos en los logros y en las adversidades, mostrémosles afecto y atención plena. Saber que tienen a sus padres

cerca y que son importantes para ellos les dará seguridad. Así tendrán un cerebro estable y libre que les permitirá tener relaciones sociales afectuosas, sinceras y honestas, afrontar y resolver todos sus problemas, tomar siempre las mejores decisiones, levantarse cuando fracasen o se equivoquen y ser felices.

- Desde su nacimiento, cuando lloren, hagámosles caso: algo que para nosotros es trivial, para ellos y su mundo puede resultar importantísimo, y así tenemos que comportarnos. No les restemos importancia a sus problemas, aunque sea algo nimio. Su mundo tiene unas reglas diferentes a las nuestras. Abandonemos el mundo de los adultos para entenderlos. Adoptemos un modelo *niñocéntrico*.
- Hablémosles como a adultos. Utilicemos las palabras y los razonamientos que usamos con los adultos.
- Leamos el libro *Emocionario*, veamos la película *Del revés* y también *La habitación*, para entender que el mundo de los niños es un mundo diferente al nuestro. Que tenemos que abandonar nuestro punto de vista y ponernos en el suyo para entenderlos, para comprender sus problemas y para ayudarlos a solucionarlos.
- El sentirse comprendidos les aportará seguridad, y eso se traducirá en un cerebro estable, una autoestima sólida y un mayor rendimiento cognitivo, mejor toma de decisiones y mejores habilidades sociales.
- Sintámonos libres de practicar el colecho. Les dará seguridad y nos hará más felices a nosotros, además de permitirnos experimentar la experiencia de ser padres de una manera más pura y sincera. Cuidado, no os hagáis adictos... :)
- Siempre que dudemos sobre si estamos haciendo lo correcto educándolos para ser tan conscientes de la realidad y de sí

mismos, pensemos en que lo que estamos haciendo es tejer un enorme colchón sobre el que nuestros hijos podrán caer desde lo más alto sin lastimarse, que les estamos creando un traje espacial de plástico de burbujas que los protegerá de los más duros golpes por toda la eternidad, que les estamos construyendo una habitación acorazada situada en un universo paralelo a la que solo ellos podrán acudir siempre que quieran para aislarse del mundanal ruido, para pensar con tranquilidad, para reflexionar, para encontrarse consigo mismos y decidir su camino.

- Tengamos siempre una visión holística, cosmológica y largoplacista de la educación que les demos a nuestros hijos. Ellos regirán la sociedad del futuro. Sus decisiones, opiniones, acciones, etcétera, dependerán en gran medida de la educación y los valores que hayan recibido.
- No nos dejemos llevar por la corriente de las píldoras de felicidad: lo que buscamos es una estabilidad emocional duradera, un bienestar psicológico a largo plazo, no un pico de azúcar que se disolverá en un átomo temporal.
- Nosotros, igual que lo que les enseñemos a nuestros hijos, debemos procurar huir de la competitividad estúpida y vacía de a ver quién hace el mejor *collage* de macarrones. Es contraproducente y nos impide focalizarnos en lo que es verdaderamente importante: la estabilidad emocional de nuestros hijos.
- Animémoslos y apoyémoslos para que hagan actividades en las que no sean «expertos». Así aprenderán a fracasar y seguir adelante, lo que equilibrará su ego y su narcisismo natural.
- La presión social materialista y consumista del pico de éxito cortoplacista es abrumadora. Tenemos que superarla. Tenemos que pensar a largo plazo y de una manera global. Ayuda

imaginar que los niños o niñas que estamos educando acabarán como presidentes absolutos del mundo, con capacidad para dictar cualquier ley y para cambiarlo todo: en ese caso ¿qué será más importante, enseñarles que siempre tienen que quedar por encima de los demás o que tienen que respetar a todos por igual? ¿Enseñarles que su vida estará vacía si no tienen el mejor teléfono móvil o que lo importante es que sean buenas personas?

- Practiquemos la meditación *mindfulness*.
- Y tengámoslo en cuenta: no estoy diciendo que enseñemos a nuestros hijos a no ser competitivos, para nada, la competitividad es buena y sana y los ayuda a mejorar y aprender. Pero se puede dar la paradoja de querer que nuestros hijos sean «emprendedores» y fomentar la competitividad para ello y, por culpa de eso, que al primer fracaso desarrollen una fobia y ya no intenten nada más. Igual de importante que fomentar su competitividad es enseñarles que si no se gana no pasa nada y que hay que seguir intentando nuevos proyectos. Se trata de evitar la frustración, la depresión, un ego artificialmente inflado y protegido y la ira o la ansiedad por «fracasar». Ese miedo al fracaso puede hacer que no hagan nada en su vida. También es importante transmitirles que el ganar no los hace mejores que nadie ni merecedores de un trato especial o privilegiado, que lo más importante es ser respetuosos, honestos, sinceros, compasivos y buenas personas.
- Nunca dudemos, estamos haciendo lo correcto: el colchón, el traje y la habitación.

No lo digo yo, lo dice la CIENCIA.

10.
Los veinte puntos clave del método cognitivo-emocional

1. Ser padres no es una aventura, es una responsabilidad.
2. Atended siempre a vuestro hijo cuando lo demande. Hacedle sentir seguro y protegido.
3. Dormid con el niño en la misma habitación, aunque sea en su cuna o en su cama. Practicar el colecho es positivo para la estabilidad emocional, tanto para la vuestra como para la suya, pero lo dejo a vuestra elección.
4. Habladle como a un adulto, pero queredlo y jugad con él como un niño (transformaos en los niños que algún día fuisteis y que aún están dentro de vosotros).
5. A razonar se aprende igual que a hablar. Hacedlo desde el primer momento, aunque no os entienda.
6. Una bofetada a tiempo no arregla nada, es más, lo complica todo.
7. Evitad totalmente la violencia física, psicológica o verbal. Respirad hondo, meditad, abrazadlo y negociad con él las normas y los comportamientos. No le enseñéis a obedecer a la autoridad, enseñadle a negociar con la autoridad. El respeto se gana demostrando la razón y

siendo coherente, no siendo el más fuerte ni imponiendo a través del miedo.

8. El mejor castigo es el premio. Es decir, para fijar en el niño una conducta determinada lo más efectivo es el premio. Y dentro de estos, lo mejor es elogiar y describir el esfuerzo que permite esa conducta. Para eliminar una conducta determinada en un niño lo más efectivo es premiar la conducta contraria.
9. El segundo mejor castigo es la omisión del premio. Pero será mucho mejor si no se tiene que llegar a recurrir nunca a él.
10. La letra, con abrazos, risas y explicación, entra. Y, además, se queda para siempre y no se vincula a ninguna emoción negativa.
11. Explicad al niño TODAS las normas que debe cumplir para su seguridad, su relación cívica con los demás, su salud y su educación. No se las impongáis por autoridad, dejad que el niño participe activamente en el proceso. Explicádselas y luego dadle libertad para llevarlas a cabo.
12. Lo más valioso para un niño es el tiempo que pase con sus padres; eso sí, dedicándole atención plena. Aparcad los móviles, ordenadores y televisión, echaos al suelo y montad en el tren de la imaginación y del juego. Entrad en el modo «multiaventura del caos».
13. Enseñadle a reconocer y a expresar sus emociones (también artísticamente), que él decida la vía que quiere seguir. Nunca lo coartéis ni juzguéis sus decisiones –ni sus

creaciones artísticas– a este respecto. Al revés, incentivadlo, apoyadlo y celebradlo. Siempre.

14. Enseñadle que la tristeza y los malos momentos son parte de la vida, que no hay que evitarlos ni ocultarlos, que debe afrontarlos.
15. Animadlo a que haga cosas que no se le dan bien. Eso lo ayudará a perder el miedo al fracaso, al cambio y a intentar nuevos retos y tareas. También será útil porque le hará acostumbrarse a salir de su zona de confort y a relativizar los logros y los errores y lo protegerá contribuyendo a que su ego no se infle artificialmente ni se lastime por un revés. Hay que destruir el ego.
16. Enseñadle que en la perseverancia está la maestría, que lo importante no es no caerse nunca, ya que eso es imposible, la vida no es así. Lo relevante es levantarse siempre. Fallar es importante porque permite aprender.
17. Dadle libertad para que decida sus proyectos, sus juegos, sus creaciones artísticas y sus actividades. Luego, apoyadlo en los logros y en las adversidades, mostradle afecto y atención plena, valorad su esfuerzo. Enseñadle que el éxito es relativo y dependiente de muchas eventualidades. Ganar no lo convierte en mejor persona que los demás ni lo hace merecedor de más respeto.
18. Enseñadle a ser empático, compasivo y respetuoso con los demás. Eso anulará su narcisismo y evitará que sea rencoroso, iracundo, envidioso, hostil, celoso e inseguro.
19. Los niños tienen su propio mundo de niños, con sus problemas, sus crisis, sus ideas, sus conflictos, sus miedos

y sus preocupaciones. Adaptaos a ese mundo, adoptad un punto de vista *niñocéntrico*, sacrificaos para entenderlo, agachaos para hablarle a su altura. Es su momento, dádselo todo. Además, os beneficiará a vosotros también.

20. No lo dudéis nunca: no sucumbáis ni caigáis en una lucha de «padres competidores» ni cedáis ante la presión social cortoplacista y materialista. Estáis haciendo lo correcto, estáis criando a un ser humano, aunque sea para un mundo de lobos. Su colchón de plumas, su traje espacial de plástico de burbujas y su habitación acorazada multidimensional lo harán capaz de sobrevivir en él, de domarlo, de controlarlo, de mejorarlo e incluso de cambiarlo.

Glosario

Autoconcepto: opinión que una persona tiene sobre sí misma y que lleva asociado un juicio de valor.

Autoestima: aprecio o consideración que uno tiene de sí mismo.

Celopatía: celos infundados e incluso delirantes que aparecen sin motivo y conllevan a acusaciones y conductas encaminadas a coartar la libertad de la pareja, búsqueda afanosa de indicios que comprueben la sospecha, preguntas asediantes, interpretaciones erróneas y recuerdos falsos.

Epigenética: disciplina que estudia los cambios reversibles y heredables que se producen sobre el ADN y que traen como consecuencia que unos genes se expresen o no dependiendo de condiciones ambientales.

***Mindfulness*:** como concepto psicológico es la concentración de la atención y la conciencia y está basado en el concepto de la conciencia plena de la meditación budista. El *mindfulness* o «conciencia plena» consiste en prestar atención, momento a momento, a pensamientos, emociones, sensaciones corporales y al ambiente circundante, de forma principalmente caracterizada por la «aceptación» –una atención a pensamientos y emociones sin juzgar si son correctos o no–. El cerebro se enfoca en lo que es percibido a cada momento en lugar de proceder con la normal rumiación acerca del pasado o el futuro.

Narcisismo: admiración excesiva y exagerada que siente una persona por sí misma, por su aspecto físico o por sus dotes o cualidades. La persona tiene una baja autoestima acompañada de una sobreestima de sus habilidades y una necesidad excesiva de admiración y afirmación.

Neuroticismo: rasgo psicológico relativamente estable y que define una parte de la personalidad, el cual conlleva, para quien puntúa alto en este rasgo: inestabilidad e inseguridad emocional, tasas elevadas de ansiedad, estado continuo de preocupación y tensión con tendencia a la culpabilidad y generalmente unido a sintomatología psicosomática.

Resiliencia: capacidad de afrontar la adversidad saliendo fortalecido y alcanzando un estado de excelencia profesional y personal. Desde la neurociencia se considera que las personas más resilientes tienen mayor equilibrio emocional frente a las situaciones de estrés y soportan mejor la presión. Esto les permite una sensación de control frente a los acontecimientos y mayor capacidad para afrontar retos.

Sociopatía: las personas que padecen esta patología psiquiátrica pierden la noción de la importancia de las normas sociales, como son las leyes y los derechos individuales.

Termodinámica: es la rama de la física encargada del estudio de la interacción entre el calor y otras manifestaciones de la energía.

Su opinión es importante.
En futuras ediciones, estaremos encantados
de recoger sus comentarios sobre este libro.

Por favor, háganoslos llegar a través de nuestra web:

www.plataformaeditorial.com

Para adquirir nuestros títulos, consulte con su librero habitual.

«Pero ¿qué es la felicidad
sino el simple acuerdo entre un ser
y la existencia que lleva?»*

«*I cannot live without books.*»
«No puedo vivir sin libros.»
THOMAS JEFFERSON

Plataforma Editorial planta un árbol
por cada título publicado.

* Frase extraída de *Breviario de la dignidad humana* (Plataforma Editorial, 2013).

La autora comparte en este libro su visión de la profesión,
desde la experiencia de más de veinte años
y desde la humildad de quien reconoce tener
más preguntas que respuestas.

La presente selección de conferencias y artículos constituye una aproximación magnífica a los temas que preocupan a su autor en el ámbito de la educación, así como a los retos y aspiraciones que deberían ser objeto de debate pedagógico.